Liane Paradies/Franz Wester/Johannes Greving

Individualisieren im Unterricht

Die Autoren

Liane Paradies ist Gymnasiallehrerin für Mathematik und Geschichte. Sie arbeitet als Trainerin und Moderatorin in der Lehreraus- und -fortbildung zum Schwerpunkt Unterrichtsentwicklung, ist an der Universität Oldenburg tätig und Autorin zahlreicher Veröffentlichungen zum Thema Unterrichtsmethoden.

Franz Wester leitet den Bereich „Unterrichtsentwicklung" am Landesinstitut für Schule in Bremen. Dort wird u. a. ein Rahmenmodell für die Optimierung des Lehrens und Lernens erarbeitet. Seine Erfahrungen im Bereich der Schul- und Unterrichtsentwicklung sind in verschiedenen Veröffentlichungen dokumentiert.

Johannes Greving ist Lehrer für Deutsch und Politik an einem Gymnasium, außerdem an der Universität Oldenburg tätig und Autor zahlreicher Fachbücher.

Liane Paradies/Franz Wester/Johannes Greving

Individualisieren im Unterricht

Erfolgreich Kompetenzen vermitteln

Cornelsen
SCRIPTOR

Bitte vergrößern Sie die Kopiervorlagen mit 141 %. Sie erhalten dann eine DIN-A4-Seite.
Die in diesem Werk angegebenen Internetadressen haben wir überprüft (Redaktionsschluss: November 2009). Dennoch können wir nicht ausschließen, dass unter einer solchen Adresse inzwischen ein ganz anderer Inhalt angeboten wird.
Nicht in allen Fällen konnten wir die Rechteinhaber ausfindig machen. Berechtigte Ansprüche werden wir im üblichen Rahmen vergüten.

www.cornelsen.de

Bibliografische Information: Die Deutsche Bibliothek verzeichnet diese Publikation in der Deutschen Nationalbibliografie; detaillierte bibliografische Daten sind im Internet über http://dnb.ddb.de abrufbar.

Dieses Werk folgt den Regeln der deutschen Rechtschreibung, die seit August 2006 gelten.

1. Auflage 2010

Projektleitung: Gabriele Teubner-Nicolai, Berlin
Redaktion: Marion Clausen, Göttingen
Herstellung: Brigitte Bredow, Berlin
Satz/Layout: FROMM MediaDesign, Selters/Ts.
Umschlaggestaltung: Magdalene Krumbeck, Wuppertal
Umschlagfoto: Colourbox, Deutschland
Druck und Bindung: fgb • freiburger graphische betriebe
Printed in Germany
ISBN 978-3-589-23075-4

Inhalt gedruckt auf säurefreiem Papier,
umweltschonend hergestellt aus chlorfrei gebleichten Faserstoffen.

Inhalt

1 Einleitung 7
1.1 Wie ist dieses Buch aufgebaut? 7
1.2 Was bedeutet Individualisieren im Unterricht? 12
1.3 Wie wird der Kompetenzbegriff definiert? 14
1.4 Wie verändert sich unsere Perspektive auf den Unterricht? 17
1.5 Wie sieht unsere Utopie einer guten Schule aus? 20

2 Der Lehr-Lern-Prozess: Lernarrangements realisieren 26
2.1 Grundform Lernbüro (Aufgabenorientierung) 27
2.2 Grundform: Workshop (Themenorientierung) 30
2.3 Grundform: Projekt (Problemorientierung) 35
2.4 Lernpläne als Instrumente des Unterrichts 38
2.5 Kompetenzraster 39
2.6 Lernlandkarten 50
2.7 Themenpläne 54
2.8 Arbeitspläne 61
2.9 Lernlandschaften 62
2.10 Förder-/Forderpläne 67
2.11 Orientierungshilfen für Lehrer und Schüler 74

3 Der Lernprozess: Schüler entwickeln Lernkompetenzen 85
3.1 Arbeitstechniken 85
3.2 Lesekompetenz 92
3.3 Schreibkompetenz 96
3.4 Gesprächskompetenz 99
3.5 Medienkompetenz 100
3.6 Recherchekompetenz 104
3.7 Visualisierungskompetenz 108
3.8 Präsentationskompetenz 110
3.9 Kontrolltechniken 113

4 Die Lernbegleitung: individuelle Lernentwicklung dokumentieren 123
4.1 Lernportfolio 124
4.2 Feedback 128
4.3 Leistungsbewertung 135

5 Die Basis: diagnostizieren, fördern und fordern 139
5.1 Pädagogische Diagnostik 139
5.2 Von den Bildungsstandards zum selbstverantwortlichen Lernen 141
5.3 Entwicklung der Diagnosekompetenz von Lehrern 148

6 Die Reflexion: Lernprozesse gestalten und begleiten 157
6.1 Lehrkräfte in einer neuen Rolle? 158
6.2 Lerncoaching 161
6.3 Veränderte Schülerrolle 162
6.4 Professionelle Kompetenz 165

7 Jahrgangsübergreifender Unterricht: Heterogenität nutzen 168

Literatur 171

Register 174

Einleitung

1

Man kann uns Lehrern in Deutschland nicht vorwerfen, in den letzten Jahren zu wenig Reformen umgesetzt zu haben. Und schon wieder ist die Rede von einer neuen pädagogischen „Zauberformel", nämlich von der des individualisierenden kompetenzorientierten Unterrichtens – muss das wirklich sein? Soll das Rad hier schon wieder neu erfunden werden oder verbirgt sich hinter diesem neuen Begriff womöglich längst schon Bekanntes?

Individualisieren: etwas grundlegend Neues für die Schulen

Die Autoren dieses Buches, fast sämtlich „vor Ort" in der Schule tätig, sind eindeutig der Meinung, dass dieses Mal keineswegs nur ein neues Schlagwort auftaucht, das (wie so viele Parolen vorher) in einiger Zeit wieder folgenlos in der Versenkung verschwindet, sondern dass hier tatsächlich etwas grundlegend Neues das schulische Geschehen verändern wird.

1.1 Wie ist dieses Buch aufgebaut?

Das **erste Kapitel des Buches**, die Einleitung, beschäftigt sich mit einer kurzen Einordnung und Definition des individualisierenden kompetenzorientierten Unterrichts und versucht, den Kompetenzbegriff zu klären. Ausgehend von unserem unterschiedlichen Handlungs- und Praxiswissen machen wir immer wieder die Erfahrung, dass pädagogische Fachbegriffe definiert werden müssen, damit Sie als Leser wissen, worauf sich unser Konzept bezieht.

Wir möchten Ihnen auch unsere ganz konkrete Utopie von einer guten Schule und gutem Unterricht vorstellen. Das bedeutet aber keineswegs, dass nur diejenigen Schulen, die nach diesem Modell arbeiten, das Konzept besonders gut umsetzen können. Schule und Unterricht entwickeln sich in kleinen Schritten.

Das **zweite Kapitel** „Der Lehr-Lern-Prozess: Lernarrangements realisieren" bildet den Schwerpunkt unseres Buches – und das aus gutem Grund: Dieses Praxishandbuch ist von Praktikern für die tägliche Unterrichtspraxis geschrieben. Basierend auf den Grundformen des Unterrichts werden Lernbüros, Workshops und Projekte vorgestellt und anhand von Beispielen thematisiert und illustriert. Sie bilden das notwendige und pädagogisch sinnvolle Fundament des individualisierenden Unterrichts – individualisiertes Lernen findet immer statt, aber individualisierender Unterricht muss vom Lehrer gestaltet, begleitet und reflektiert werden.

Hier finden Sie Beispiele, Hinweise, Tipps und Kopiervorlagen, die unmittelbar aus unserem Unterricht stammen, in der Praxis erprobt sind und die Sie direkt in Ihrem eigenen Unterricht einsetzen können.

Die Grundlagen für die Lernarrangements, in denen individualisiertes Lernen stattfindet, bilden die im zweiten Unterkapitel beschriebenen Instrumente (Lernpläne) wie Kompetenzraster, Themenpläne, Arbeitspläne, Lernlandkarten und Förder-/Forderpläne. Es folgen Beispiele für kompetenzorientierte Aufgabenstellungen, die Grundlage jeden Unterrichts und der Leistungsmessung und -bewertung. Sie werden im zweiten Abschnitt des zweiten Kapitels ausführlich vorgestellt und erläutert.

In **Kapitel 3** „Der Lernprozess: Schüler entwickeln Lernkompetenzen" geht es zunächst um Lernstrategien und Arbeitstechniken, wir erläutern die Bedeutung, die den verschiedenen Aneignungstechniken unter den Bedingungen des individualisierenden kompetenzorientierten Unterrichts zukommt. Da die Entwicklung von Kompetenzen ein hohes Maß an Selbstreflexion und Metakognition verlangt, sind die Kontrollstrategien unverzichtbar, sie ermöglichen den wichtigen Prozess der permanenten Überprüfung und Selbsteinschätzung und damit der Feststellung des eigenen Kompetenzstandes.

Vertieft und fachlich wie methodisch erweitert wird dieser Prozess der Selbstkontrolle durch die in **Kapitel 4** vorgestellten Möglichkeiten der Lernbegleitung. Die verschiedenen Formen der Dokumentation der eigenen Lernentwicklung, die Portfolios, Lerntagebücher und -journale, werden ausführlich erläutert, auf ihre Einsetzbarkeit überprüft und kritisch hinterfragt.

Der Entwicklung einer ausgeprägten Feedbackkultur, die Schüler wie Lehrer nicht als Zumutung, sondern als selbstverständlichen und notwendigen Aspekt der gemeinsamen Arbeit begreifen, ist das nächste Unterkapitel gewidmet. In diesem Kontext darf allerdings auch die Leistungsbewertung nicht fehlen, denn selbstverständlich müssen auch im individualisierenden kompetenzorientierten Unterricht Leistungen erbracht, gemessen und bewertet werden. Wir zeigen in diesem Kapitel Wege und Möglichkeiten einer veränderten fairen, transparenten und validen Leistungsbewertung.

Das **Kapitel 5** „Die Basis: diagnostizieren, fördern und fordern" könnte auch an den Anfang des Buches gestellt werden, denn im chronologischen Ablauf der Arbeitsschritte bildet die Diagnose des gegebenen Lernstandes einer Lerngruppe den ersten (Planungs-)Schritt. Erst wenn ich als Lehrer weiß, wo meine Schüler stehen, welchen individuellen Lernstand sie erreicht haben, kann ich Lernprozesse usw. planen und realisieren.

Wir haben uns dennoch entschlossen, diesen Abschnitt in der Reihenfolge nach hinten zu setzen, weil wir den Praxisbezug unseres Ansatzes (Kapitel 2) betonen wollen. Das Kapitel 5 erläutert die Stationen des Prozesses pädagogischer Diagnose – von der Bestimmung der Lernausgangslage über die Formulierung realistischer Ziele bis zur Dokumentation der Lernentwicklung.

Im **Kapitel 6** „Die Reflexion: Lernprozesse gestalten und begleiten" geht es um die Neugestaltung von Lehrer- und Schülerrolle. Im individualisierenden kompetenzorientierten Unterricht ist der Lehrer nicht länger der Taktgeber beim „Lernen im Gleichschritt", der als Vermittler der Lerninhalte fungiert, sondern Arrangeur der Lernprozesse, der gestaltet, berät, begleitet und beobachtet. Auch die Schülerrolle verändert sich: Der Schüler ist nicht länger Objekt eines vom Lehrer initiierten Vermittlungsprozesses, sondern lernt zunehmend selbstständig und selbstorganisiert. Die Einsicht in die Tatsache, dass jeder für seinen individuellen Lernprozess selbst verantwortlich ist, bildet Basis wie Abschluss der hier vorgestellten Unterrichtskonzeption.

Ein kurzes **Kapitel 7** beschäftigt sich mit dem jahrgangsübergreifenden Unterricht und seiner Bedeutung für das Individualisieren.

Schneller Zugriff auf die Inhalte dieses Buches

Wir haben die Erfahrung gemacht, dass die viele Lehrerarbeit in der Schule häufig dazu führt, dass wir immer weniger Zeit haben, uns mit (fach-)didaktischer und pädagogischer Literatur zu beschäftigen. Daher sehen wir es als sinnvoll an, den Aufbau des Buches so zu gestalten, dass Sie als Leser innerhalb kürzester Zeit genau das finden und nachlesen können, was Sie gerade benötigen.

Starten Sie mit dem Praxiskapitel, wenn Sie Materialien sofort im Unterricht einsetzen möchten. Ist Ihnen der theoretische Background am wichtigsten, dann lesen Sie zunächst die Kapitel 5 und 6. Oder suchen Sie zuerst je nach Sachlage in den Kapiteln 3, 4 oder 5 nach konkreter Hilfe für die Lernbegleitung, die Bewertung oder Diagnostik. Selbstverständlich können Sie auch das ganze Buch von vorn nach hinten durchlesen.

Beginnen Sie mit einer Mindmap!

Wir schlagen Ihnen vor, dass Sie zum Thema „Individualisierender kompetenzorientierter Unterricht" als Erstes eine Mindmap erstellen. Dies kann für Sie sehr aufschlussreich sein und verdeutlicht Ihre Vorkenntnisse, Fragen und Erwartungen.

Auf Seite 10/11 finden Sie dann zum Vergleich unsere Mindmap zum Thema mit den Aspekten, die wir in diesem Buch behandeln.

Mindmap zum Thema „Individualisieren im Unterricht"

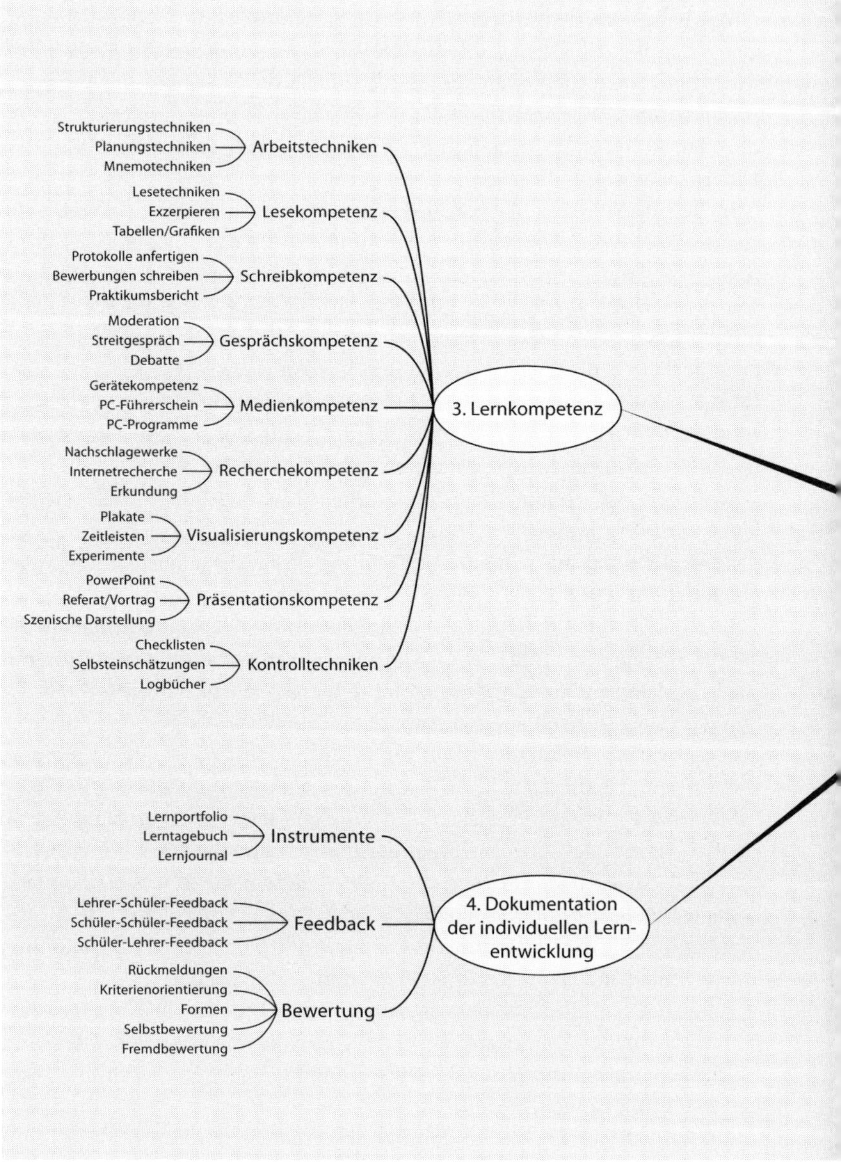

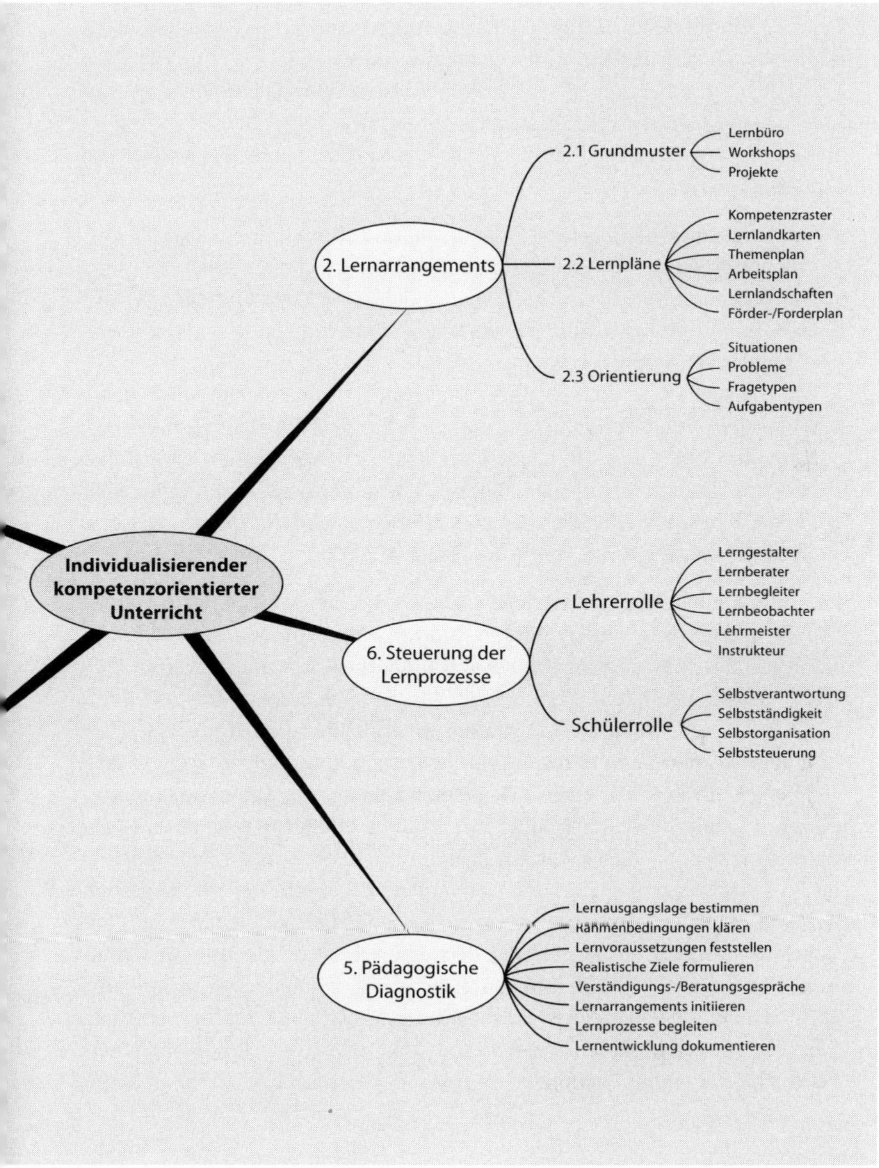
Individualisierender kompetenzorientierter Unterricht
2. Lernarrangements
2.1 Grundmuster
Lernbüro
Workshops
Projekte
2.2 Lernpläne
Kompetenzraster
Lernlandkarten
Themenplan
Arbeitsplan
Lernlandschaften
Förder-/Forderplan
2.3 Orientierung
Situationen
Probleme
Fragetypen
Aufgabentypen
6. Steuerung der Lernprozesse
Lehrerrolle
Lerngestalter
Lernberater
Lernbegleiter
Lernbeobachter
Lehrmeister
Instrukteur
Schülerrolle
Selbstverantwortung
Selbstständigkeit
Selbstorganisation
Selbststeuerung
5. Pädagogische Diagnostik
Lernausgangslage bestimmen
Rahmenbedingungen klären
Lernvoraussetzungen feststellen
Realistische Ziele formulieren
Verständigungs-/Beratungsgespräche
Lernarrangements initiieren
Lernprozesse begleiten
Lernentwicklung dokumentieren

1.2 Was bedeutet Individualisieren im Unterricht?[1]

Individualisierender Unterricht verschafft jedem Schüler in einer optimalen Lernumgebung den größtmöglichen Kompetenzzuwachs. Optimale Lernbedingungen hat der Einzelne, wenn die individuelle Passung zwischen Lernendem und Lerngegenstand erzeugt werden kann. Da dies in der Schule in sozialer Gemeinschaft geschieht, gilt es, diese individuelle Passung im Rahmen eines „didaktischen Dreiecks" herzustellen. Die Eckpunkte des Dreiecks bilden:

Didaktisches Dreieck aus Individuum, Sache und Gruppe

- Das **Individuum** mit seinen Fähigkeiten und Erwartungen, das sich erproben, bewähren und das zur Selbstentfaltung gelangen soll.
- Die **Sache** mit ihren Anforderungen und den gesetzten Standards, „die faszinieren und herausfordern soll und gleichzeitig von den Lernenden zu bewältigen sein muss.
- Die **Gruppe**, in der sich das Individuum sicher und aufgehoben fühlen und gegenseitige Unterstützung, Anerkennung und Anregung finden kann. Die Systematik des Unterrichts wird nicht allein und nicht primär aus dem Unterrichtsgegenstand abgeleitet, sondern aus den Möglichkeiten der Aneignung" (von der Groeben 2008, 101) und aus den Kompetenzen, die sich die Schüler aneignen sollen.

Im individualisierenden Unterricht nimmt die Lehrkraft jeden einzelnen Schüler intensiv mit seinen Stärken und dem momentanen Entwicklungsstand in den Blick und unterstützt ihn individuell in seinem Lernprozess. Die Lernenden gestalten ihren Lernprozess entsprechend ihres Vorwissens, ihrer Interessen, ihrer Leistungsfähigkeit und ihrer Lernstrategien selbst und übernehmen Verantwortung für ihr Lernen. Innerhalb eines Referenzrahmens (z. B. in Form eines Kompetenzrasters, eines Themenplans usw.) erlangen sie ein Bewusstsein über ihren aktuellen Leistungsstand und können sich erreichbare Ziele setzen. Dabei werden sie von den Lehrenden in ihrem Lernprozess begleitet und unterstützt, z. B. durch Lernstandsgespräche, individuelle Leistungsrückmeldungen oder Lernvereinbarungen. Die Verantwortung für ihr Lernen wird den Schülern selbst zugetraut und zugemutet. Sie entscheiden, *ob* und – in Grenzen – *was* sie lernen wollen, und können auch die Folgen ihrer Entscheidung zunehmend einschätzen. Ihren Lernweg und den aktuellen Lernstand dokumentieren sie z. B. in einem Logbuch oder einem Portfolio.

1 Der folgende Abschnitt entstand in Anlehnung an: Muster-Wäbs, Hannelore: Subjektive Theorie zum individualisierten Lernen, unveröffentlichtes Manuskript, Hamburg 2009

Die zu bearbeitenden Aufgaben- und Problemstellungen lassen unterschiedliche Lösungswege zu, können auf verschiedenen Niveaustufen gelöst und in Einzel- oder Teamarbeit bearbeitet werden. Unterstützt wird individualisiertes Lernen durch eine Veränderung der Lernzeiten (Rhythmisierung), durch klassen- und jahrgangsübergreifende Lernangebote, durch die Verfügbarkeit entsprechender Räume und Materialien sowie durch den Zugang zu unterschiedlichen Medien.

Individualisierender Unterricht, Umgang mit Heterogenität, Differenzierung und individuelle Förderung – wo liegen hier Gemeinsamkeiten oder Unterschiede? Um den Begriff Individualisierung weiter zu schärfen, ist es sinnvoll, ihn in Beziehung zu setzen zu Begriffen, die zum Teil synonym benutzt werden:

Begriff „Individualisierung" genau fassen

Statt vom individuellen Lernen sollte besser vom **individualisierten Lernen** gesprochen werden, wenn damit die Initiierung individualisierender Lehr-Lern-Prozesse gemeint ist. Lernen ist immer ein individueller Prozess!

Individualisierende Lehr- und Lernkonzepte sind eine weitere Antwort auf die **Heterogenität** in den Klassen, die durch Faktoren bedingt ist wie Unterschiede in den Leistungsvoraussetzungen, im kulturellen Hintergrund, in den Interessen, im Vorwissen oder bei den Lernstrategien.

„Wenn Schulen auf die Heterogenität ihrer Schülerinnen und Schüler eingehen, kann das auf vielfältige Weise geschehen: durch Differenzierung im Unterricht, durch Wahlangebote, durch außerschulische Lerngelegenheiten und durch individuelle Fördermaßnahmen. Der Begriff Individualisierung hingegen impliziert bereits eine einschränkende Zweckbestimmung: das bessere Eingehen auf die besonderen Fähigkeiten und Bedürfnisse der Einzelnen im Unterricht." (von der Groeben 2008, 40 f.)

Differenzierung ist eine Reaktion auf die Unterschiedlichkeit von Schülern. Im Gegensatz zu individualisierendem Unterricht, bei dem die Lernangebote auf den Einzelnen zugeschnitten werden bzw. von ihm selbst gewählt werden können, meint *innere* Differenzierung alle Formen und Möglichkeiten durch die in einer heterogenen Lerngruppe bzw. Klasse gelernt und gelehrt wird. Die differenzierten Aufgaben sind bei der Binnendifferenzierung auf mehrere Lerner oder Untergruppen zugeschnitten.

Äußere Differenzierung hingegen zielt auf die Aufteilung von Lerngruppen z. B. nach Leistungsstand oder Interessen bei der Wahl von Kursen und AGs sowie durch jahrgangsspezifische und -übergreifende Angebote. Individualisierung kann aber durchaus als radikalste Form der Differenzierung gesehen werden.

Auch die Begriffe *individuelle Förderung* und *Individualisierung* werden zum Teil synonym genutzt. Beim individualisierenden Unterricht wird vom Lerner aus gedacht. Individuelle Förderung denkt hingegen vom Lehrer her. „Man kann jemanden fördern (ein Talent, einen Hilfsbedürftigen) oder man kann eine Sache fördern (eine Schule, eine karitative Einrichtung, ein ideelles Anliegen), aber man kann nicht sich selbst fördern.“ (KUNZE/SOLZBACHER 2008, 19)

Die Einzigartigkeit des Subjekts rückt in den Mittelpunkt

Individualisierung geht einen Schritt weiter als individuelles Fördern. Im individualisierenden Unterricht übernehmen – wie schon dargestellt – die Schüler die Verantwortung für ihr Lernen. Selbstverständlich werden sie auf dem Weg dorthin unterstützt und erhalten Orientierung durch einen entsprechenden Referenzrahmen und durch Instrumente, die ihnen diese Aufgabe erleichtern, wie z. B. Portfolios oder Lernvereinbarungen. Die Verantwortung für das Gelingen der Lernprozesse wird aber von den Lehrern deutlich an den einzelnen Lernenden übergeben. Dies erfordert eine veränderte Haltung der Lehrenden, aber auch der Lernenden.

Folgt man diesen Begriffsklärungen, kann Heterogenität als Ausgangspunkt und Herausforderung gesehen werden. Die Differenzierungsformen stellen Maßnahmen zur Problemlösung dar mit

- *äußerer Differenzierung* (außerschulische Lernorte, Kurse, Module, jahrgangsübergreifender Unterricht, Leistungsdifferenzierung) und
- *innerer Differenzierung,* die in zwei Niveaustufen gedacht werden kann: 1. differenzierte Aufgaben, die sich im Rahmen der Arbeit in einer Klasse oder Lerngruppe für Untergruppen eignen, 2. individuelle Förderung, die auf den Einzelnen zielt.

Beide Formen können zudem miteinander verbunden werden, z. B. beim jahrgangsübergreifenden Unterricht mit einer radikalen inneren Differenzierung.

1.3 Wie wird der Kompetenzbegriff definiert?

Wir beziehen uns auf den von FRANZ WEINERT geprägten Kompetenzbegriff:

Kompetenzen werden definiert als „ […] die bei Individuen verfügbaren oder von ihnen erlernbaren kognitiven Fähigkeiten und Fertigkeiten, bestimmte Probleme zu lösen sowie die damit verbundenen motivationalen, volitionalen und sozialen Bereitschaften und Fähigkeiten, die Problemlösungen in variablen Situationen erfolgreich und verantwortungsvoll zu nutzen.

Kompetenz ist eine Disposition, die Personen befähigt, bestimmte Arten von Problemen erfolgreich zu lösen, also konkrete Anforderungssituationen eines bestimmten Typs zu bewältigen. Die individuelle Ausprägung der Kompetenz wird von verschiedenen Facetten bestimmt: Fähigkeiten, Wissen, Verstehen, Können, Handeln, Erfahrung, Motivation.“ (WEINERT 2001, 27)

Kompetent ist nur, wer etwas weiß, dieses Wissen auch anwenden will und dazu in der Lage ist. Wer nur träges Wissen anhäuft, ohne dieses zu vernetzen und zu benutzen, ist noch lange nicht kompetent.

Kompetenzorientierter Unterricht zielt auf die Ausstattung von Lernenden mit Kenntnissen, Fähigkeiten und Fertigkeiten sowie auf die Bewusstmachung und Reflexion von Einstellungen und Haltungen.

- Kompetenzen zeigen sich im handelnden Umgang mit Lerngegenständen.
- Kompetentes Handeln meint immer die Einheit von Kenntnissen, Fertigkeiten und Einstellungen.
- Kompetent handelt, wer mit Sachverstand an Lerngegenstände herangeht, Probleme bewältigt und Lösungen entwickelt.

Die Lernkompetenz eines Schülers besteht also in der Fähigkeit, die sachlichen, methodischen, sozialen und individuellen Anteile der Lernarbeit bewusst, zielorientiert, ökonomisch und kreativ zu gestalten. Diese Kompetenz muss im Unterrichtsprozess eingeübt und schrittweise auf höhere Niveaustufen gebracht werden.

Lernkompetenzen entstehen nicht „auf einen Schlag“, sondern werden schrittweise angeeignet. Die Einteilung einer Kompetenz in mehrere Stufen darf aber auf keinen Fall mit dem Prozess des schrittweisen Kompetenzerwerbs verwechselt werden:

- Ein **Stufenmodell** erfasst, wie eine voll entfaltete Kompetenz strukturiert ist bzw. aus welchen Teilen sie sich zusammensetzt.
- Ein **Prozessmodell** beschreibt, in welcher Reihenfolge Kompetenzen im Unterrichtsprozess auf- und ausgebaut werden können.

Um ein Kompetenzmodell in sich stimmig zu machen, ist es erforderlich, ein Kriterium zu benennen, nach dem die Stufen geordnet werden können, z. B. die zunehmende Selbstständigkeit des Lernens. So ergeben sich mit Blick auf die Lernkompetenzen fünf Stufen zunehmender Lernselbstständigkeit:

Fünf Stufen zunehmender Lernselbstständigkeit

1. Lernen durch einfaches Nachvollziehen
Hier geht es um das naive Nachmachen von Handlungen z. B. im kindlichen Rollenspiel. Stufe 1 spielt in der Grundschule eine erhebliche Rolle.

2. Lernen nach Vorgaben
„Handeln nach Vorschrift" – ein Lernweg wird von dem Schüler genau auf die Weise genutzt, wie es ihm vorgeschrieben wird. Auch dies findet sich vornehmlich in der Primarstufe, gilt aber auch für alle Altersklassen bis ins Erwachsenenalter.

3. Lernen durch Einsicht
Stufe 3 setzt voraus, dass der Schüler verstanden hat, was Sinn und Zweck des Lernprozesses ist. Er erkennt das Ziel und versteht, inwiefern Fehler das Erreichen dieses Zieles erschweren.

4. Lernen als selbst gesteuerter Prozess
Der Schüler sieht ein, dass Lernen ein Wechselprozess von Inhalten, Methoden und Zielen ist. Diese Einsicht befähigt ihn, Vorschriften (vorgeschriebene Lernwege) u. Ä. eigenständig zu modifizieren und für sich persönlich effektiv zu nutzen.

5. Lernen mit kritischer Reflexion
Nicht erst und nur auf dieser Stufe setzt die kritisch-reflektierende Begleitung des Lernprozesses ein, aber erst mit Erreichen dieser Stufe sind die Schüler in der Lage, angemessen ihr eigenes Lernhandeln und das anderer zu analysieren und zu bewerten.

Kompetenzmodelle beschreiben, welche Lern*ergebnisse* von Schülern in bestimmten Altersstufen in den jeweiligen Fächern erwartet werden. Gleichzeitig geht es darum aufzuzeigen, welche Lern*wege* dazu eingeschlagen werden können.

Orientierung an drei Standardstufen

Diese Systematik wird in idealer Weise ergänzt durch die Orientierung an folgenden drei „Standards":

1. Stufe: Mindeststandard
„Mindeststandards geben Auskunft über das notwendige und prinzipiell jedem Kind einer bestimmten Altersstufe in einem bestimmten Bildungsgang zu ermöglichende Niveau an Befähigung. Mindeststandards formulieren damit die Absicht der Lehrkraft und des Systems Schule, allen Schüle-

rinnen und Schülern wenigstens diesen Grad an Befähigung zu ermöglichen. Wer den Mindeststandard nicht erreicht, erfüllt das jeweilige Bildungsziel nicht."

2. Stufe: Regelstandards
„Regelstandards formulieren dasjenige Kompetenzniveau, das alters- und schulartspezifisch für realistisch, das heißt sachgerecht und zumutbar gehalten wird. Regelstandards formulieren ein mittleres Niveau von Kompetenzen, das von den Schülerinnen und Schülern sowohl unter- als auch überschritten wird."

3. Expertenstandards
„Experten- oder Maximalstandards formulieren ein theoretisch erreichbares Höchstniveau an Kompetenz; ihre Formulierung orientiert sich weniger an den realen Schülerleistungen als am fachwissenschaftlichen Wortsinn des jeweiligen Kompetenzstandards. Experten- oder Maximalstandards eignen sich für eine absolute Taxonomie von Schülerleistungen, aber nicht für den konkreten Unterricht."
(alle drei Zitate von Ziener 2006, 49 f.)

Die Qualität des kompetenzorientierten Lernens auf jeder der fünf Stufen lässt sich einem der drei Standards zuordnen: Ein Schüler, der z. B. die Stufe 3 (Lernen durch Einsicht) erreicht hat, kann dies auf jeder der drei Qualitätsstufen realisieren.

1.4 Wie verändert sich unsere Perspektive auf den Unterricht?

Wer kompetenzorientiert unterrichtet, muss zwangsläufig seine Sichtweise ändern, ja geradezu um hundertachtzig Grad drehen. Warum? Um das zu beantworten, fragen wir zunächst: Was genau unterscheidet den individualisierenden kompetenzorientierten Unterricht z. B. von der Konzeption des sozialintegrativen und lernzielorientierten Unterrichts (um historisch bis zu den pädagogischen Zauberworten der 1970er-Jahre zurückzugehen) oder dem Begriff der Qualifikation (aktuelles didaktisches Leitprinzip der neu eingeführten zentralen Prüfungen)?

Thorsten Bohl bringt den Unterschied auf den Punkt:

„Mit dem Begriff der Kompetenz ist ein Anspruch an Unterricht beschrieben, in welchem Schülerinnen und Schüler nicht als Objekte, sondern als Subjekte verstanden werden und eine vertrauensvolle Beziehungsstruktur zwischen Lehrenden und Lernenden besteht. Kompetenzerwerb hat Selbstzweck und dient der Persönlichkeitsentwicklung. Der Begriff der Qualifikation hingegen beschreibt formal vorgegebene Zielsetzungen, die zumeist als Voraussetzungen für eine Zugangsberechtigung dienen oder als vorweggenommene, zukünftig möglicherweise bedeutsame, arbeitsplatzspezifische Fähigkeiten gebraucht werden. Qualifikationen sind Mittel zum Zweck. [...] Kompetenzen werden im täglichen Miteinander erworben und können nicht lediglich auf einer inhaltlichen Ebene gelehrt bzw. rezeptiv gelernt werden." (GRUNDER/BOHL 2001, 14)

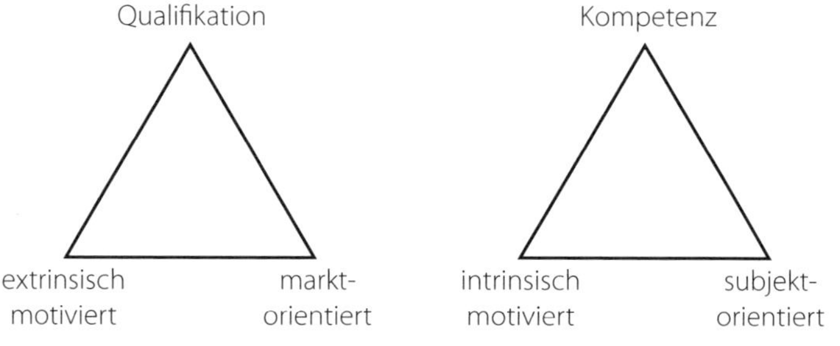

Kompetenzen beschreiben also individuelle Dispositionen zur Selbstorganisation und -verantwortung von Schülern. Sie werden benötigt, um bestimmte Aufgaben und Problemstellungen erfolgreich bewältigen zu können. Der Erwerb einer Kompetenz während des Lernprozesses ist daher ein höchst individueller Prozess, der bei jedem Menschen anders verläuft. Kompetenzaufbau als didaktisches Leitprinzip des Unterrichts setzt ein *individualisierendes Curriculum* in der Schule voraus.

Beispiel aus dem Politikunterricht

Unterscheidung zwischen Lernzielen und Kompetenzen

Nehmen wir ein Beispiel zum Thema „Wirtschaftlicher Strukturwandel von Städten im Zeitalter der Globalisierung" aus dem Politikunterricht der 10. Klasse.
Die Lernziele lauten:

- Analyse abstrakter globaler Prozesse
- Regionale Konkretisierung auf den Heimatort

Als Kompetenzen werden erworben:

- Ich kann die Internetpräsentation meines Heimatortes beschreiben und mit der Präsentation anderer Orte vergleichen.
- Ich kann die Besonderheiten der Region erkennen und die jeweiligen Ursachen deuten.
- Ich kann die globalen Tendenzen des Strukturwandels auf die Region beziehen und die gegenwärtigen wie künftigen Probleme reflektieren.

Das Lernziel benennt ein Ergebnis, das in einem engen überschaubaren Rahmen erarbeitet und überprüft werden kann. Die Kompetenzen haben die Anwendung des Stoffs im Blick.

Der Kompetenzerwerb ist durch sechs Merkmale geprägt:

Sechs Merkmale für den Kompetenzerwerb

1. Kompetenzformulierungen zielen ab auf die **Anwendung des Gelernten** im handelnden Umgang mit dem Lernstoff. Die Fähigkeit, sich mit der Internetpräsentation einer Stadt auseinanderzusetzen, ist bereits eine Form der Anwendung einer in der Interpretation gewonnenen Einsicht.
2. Kompetenzformulierungen setzen das **Erlernen von Einzelelementen** voraus und integrieren sie. Wer die besonderen Strukturmerkmale einer Region auf die allgemeinen Globalisierungsprozesse bezieht, verfügt über Abstraktionsvorstellungen und Gewichtungstechniken.
3. Kompetenzformulierungen beschreiben **übertragbare Fähigkeiten** auf einem mittleren Abstraktionsniveau. Die Einschätzung der Strukturprobleme des eigenen Heimatortes ist nur auf der Grundlage kriterienorientierten Urteilens möglich und weist damit über den Einzelfall hinaus.
4. Kompetenzformulierungen können die **Grenzen** des Unterrichtsfachs **überschreiten**, in dem hier gewählten Beispiel zu dem Bereich Mediengestaltung und -kritik. Dies ist gleichzeitig für die Auseinandersetzung mit den heutigen Medien in anderen Fächern, aber vor allem auch in Lebenssituationen außerhalb der Schule von Bedeutung.
5. Kompetenzformulierungen machen deutlich, dass die erwähnte Fähigkeit oder Bereitschaft nur in einem **längerfristigen Prozess** entwickelt werden kann. Es ist nicht möglich, Schülern in einer Stunde „beizubringen", wie man z. B. kompetent die Internetpräsentation einer Stadt (eines Unternehmens, eines Freizeitangebots) kritisch reflektiert und auch „gegen den Strich" lesen kann.
6. Jede Kompetenzformulierung trägt Aspekte der Fach-, der Lern-, der Selbst- und der Sozialkompetenz in sich. Darin kommt zum Ausdruck, dass Lernen ein Vorgang ist, an dem die **ganze Person** beteiligt ist.

Kompetenz, Performanz und individualisierender Unterricht

Kompetenzen lassen sich nicht direkt beobachten – in der Schule kann man lediglich konkretes Tun beobachten (und bewerten), also die Anwendung und den Gebrauch der Kompetenz in konkreten Handlungssituationen wie Leistungsüberprüfungen, Präsentationen, Einzel- und Gruppenarbeiten – kurz: die Performanz.

Kompetenzorientierung und individualisierender Unterricht verweisen unmittelbar aufeinander, das eine ist nicht ohne das andere möglich.

Individualisierender kompetenzorientierter Unterricht erfordert **neue Lehr-/Lernarrangements** und eine veränderte **Rolle des Lehrers**, die sich auf folgende Weise zeigen:

- Die pädagogische Brauchbarkeit der Lerninhalte ergibt sich aus ihren Anwendungsmöglichkeiten.
- Das methodische Leitprinzip ist die Gestaltung individueller Lernwege.
- Handlungsorientierte und problemlösende Methoden und Vorgehensweisen haben Vorrang.
- Lernstrategiewissen und Metakognition werden gefördert.
- Die Eigenaktivität der Lernenden wird gefördert.
- Fehler werden als Lernumwege und damit als Chance begriffen.

1.5 Wie sieht unsere Utopie einer guten Schule aus?

Um tatkräftig an der Umgestaltung des Unterrichts und Schullebens im Sinne einer Individualisierung mitzuarbeiten, hilft eine **Vision**, eine Zielvorstellung. Wir möchten Ihnen darum kurz beschreiben, wie wir uns eine Schule vorstellen, an der jeder Schüler auf seine Weise optimal gefördert und gefordert wird. Vieles wird Ihnen neu, manches auch utopisch bis unrealistisch erscheinen, aber im Wolkenkuckucksheim bewegen wir uns nicht, denn es gibt an vielen Schulen in Deutschland bereits mehr oder weniger weit gehende Ansätze in die hier vorgestellte Richtung.

Unserer Schulutopie sehr nahe kommt die **Max-Brauer-Gesamtschule** in Hamburg, an deren Konzept wir uns hier explizit anlehnen. Das Schulprogramm dieser Schule wird mit den Jahrgängen aufsteigend in die Praxis umgesetzt und ist also teilweise bereits schulische Alltagsrealität. Nachlesen bzw. herunterladen können Sie dies im Internet unter der Adresse www.maxbrauerschule.de.

Unser Schulmodell für die Zukunft

Und so sieht unsere Vision von Schule nach unseren Leitbildern aus:

An jeder Schule spielt sich das Schulleben auf einem oder mehreren **„Marktplätzen"** ab. Hier werden Arbeitsergebnisse präsentiert, Theaterstücke aufgeführt, Lernangebote gemacht, Eltern informiert usw. Außerdem gibt es

- Arbeitsräume für die Schüler, in denen sie individuell anhand von kompetenzorientierten Aufgaben ihr Wissen und ihre Fähigkeiten erweitern können;
- Projektangebote, die sich mit gesellschaftlich relevanten Fragestellungen beschäftigen;
- Werkstätten, in denen themen- und situationsorientierte Workshops stattfinden.

Jeder Schüler nimmt verpflichtend in den Hauptfächern am individualisierten Lernen in den **Lernbüros** teil. Hier arbeitet er selbstständig und eigenverantwortlich mithilfe von Kompetenzrastern oder Lern- und Arbeitsplänen an fachspezifischen Aufgaben. Ausgehend von seinen Lernvoraussetzungen (Eingangsdiagnose) beginnt er mit den Aufgaben, die seinem Leistungsstand entsprechen. So kann er ganz systematisch seine individuelle Fachkompetenz weiterentwickeln.

Die Schule hat zahlreiche **Werkstätten**, die als themen- und situationsorientierte Lernstationen – in denen Workshops stattfinden – konzipiert sind. Jeder Schüler belegt verpflichtend eine bestimmte Anzahl von Workshops – einerseits nach Interesse, andererseits aber auch nach konkreten fachinhaltlichen Aspekten. So bieten wir Folgendes an:

1. Sprachenwerkstatt
2. Naturwissenschaftliche Werkstatt
3. Gesellschaftswissenschaftliche Werkstatt
4. Welt- und Umweltwerkstatt
5. MuKuDaSp-Werkstatt (Musik, Kunst, Darstellendes Spiel, Sport)

Alle Workshops sind zeitlich begrenzt, sodass dem Schüler die Möglichkeit gegeben wird, an unterschiedlichen Angeboten teilzunehmen.

Ein großer Teil des Unterrichts findet in **Projekten** statt. Diese orientieren sich an gesellschaftlich relevanten Fragestellungen und Problemen. In fachspezifischen und fachübergreifenden Projekten können die Schüler ihre individuellen Kenntnisse einbringen und im Team mit anderen zusammenarbeiten. Die Teams planen die Projekte, bereiten sie vor, führen sie durch und werten sie aus. Die Lehrer unterstützen und begleiten die Schüler bei dieser Aufgabe.

Auf dem Marktplatz werden weitere Lerninhalte angeboten, an denen die Schüler je nach Bedarf teilnehmen können, z. B. zu diesen Themen:

- Lern- und Arbeitstechniken
- Rechtskunde
- Verkehrserziehung
- Umgang mit Medien
- Sexualerziehung
- Berufsorientierung
- Bewegung und Gesundheit

Diese Lernangebote ergänzen den anderen Unterricht, indem sie Qualifikationen, Techniken, Verfahren vermitteln, die den Schülerinnen und Schülern in den Workshops und Projekten zugute kommen.

Jeder Schüler nimmt jeden Tag an einem Angebot zur **Bewegung und Gesundheit** teil. Dieses Lernangebot verbindet den herkömmlichen Sportunterricht mit gesundheitlichen und ernährungswissenschaftlichen Aspekten – eine immer wichtigere Voraussetzung für eine ganzheitliche und selbstverantwortliche Lebensweise.

Marktplatz Schule

Workshops	Lernbüros	Projekte
1. Sprachen 2. Naturwissenschaften 3. Gesellschaft 4. Welt und Umwelt 5. MuKuDaSp	1. Deutsch 2. Mathematik 3. Englisch 4. Naturwissenschaften 5. Geschichte	1. … 2. … 3. …
• Themenorientierung • Situationsorientierung • Interessenorientierung	• systematischer Kompetenzaufbau • Kompetenzerweiterung • Aufgabenorientierung	• Problemorientierung • gesellschaftlich relevante Fragestellungen

In allen Feldern sind der Grad der Selbststeuerung beim Lernen und die Selbstverantwortung sehr hoch.

Ein wichtiger Baustein unserer Schule der Zukunft ist das **Lehr-Lern-Team**. Wir stellen uns vor, dass Schüler und Lehrer von Anfang an feste Teams bilden, um Dauer und Verbindlichkeit in die pädagogischen Beziehungen zu bringen. Ein Team besteht aus ca. zehn Schülern und einer Lehrkraft. In den Teams wird besprochen,

- an welchen Lernangeboten die Schüler teilnehmen,
- welche Entwicklungsaufgaben sie sich für die nächste Zeit setzen,
- welche Ziele sie haben,
- welche „Meilensteine" sie sich in ihrer Schulzeit setzen wollen und
- wie ihre individuelle Lernentwicklung dokumentiert wird.

Die Lehrer sorgen für die Organisation, Gestaltung und Begleitung der Lernbüros, bieten Workshops für die Lernstationen an, entwickeln gemeinsam mit den Schülern Projekte, machen Lernangebote und helfen den Schülern bei der Entwicklung von Selbstverantwortung.

„Die Lehrerinnen haben alle guten Eigenschaften, die sich denken lassen: Sie sind engagiert und ernsthaft, humorvoll und manchmal frech, sie buckeln nicht vor der Obrigkeit, und sie haben Hobbys, an denen sie auch die Schülerinnen teilhaben lassen. Sie können natürlich auch hin und wieder verzweifeln, wütend werden und sie machen handfeste Fehler – aber sie haben gelernt, Fehler zuzugestehen und professionell mit ihren Gefühlen umzugehen. Die Teams sind eine ‚Lehr-Lerngemeinschaft' und gehalten, ihre Lern- und Entwicklungsaufgaben nach den vereinbarten Schulprogrammen und professionellen Standards wissenschaftsorientierten Arbeitens zu bewältigen." (Meyer 1997, 52)

Der Schultag ist in verschiedene Blöcke zu 60 oder 90 Minuten aufgeteilt und er beginnt mit einer **offenen Eingangsphase**.

Beispiel für einen Stundenplan

Der offene Anfang jeden Schultags bietet die Möglichkeit, mit den Schülern ungezwungen ins Gespräch zu kommen. Dabei können Probleme geklärt oder Förder- und Fordermöglichkeiten hinterfragt werden. Unsere Erfahrungen zeigen, dass die meisten Schüler von diesem flexiblen Anfang für ihr Lern- und Sozialverhalten profitieren.

Lernbüros für die Fächer Deutsch, Mathematik, Englisch können je nach Schulform und Schwerpunktsetzung der Schulen auch für die Fachbereiche Gesellschaft und Naturwissenschaft eingerichtet werden. Die weiteren Fachstunden sind – ebenfalls je nach Schwerpunktsetzung oder Profil der Schule – in den Workshops und Projekten enthalten.

Der Stundenplan ist sehr flexibel gestaltet und lässt den Schulen die Möglichkeit, ihre eigene Rhythmisierung zu entwickeln.

„Bewegung und Gesundheit" sind entscheidende Grundlagen für den Lernerfolg der Schülerinnen und Schüler. Deshalb plädieren wir dafür, jeden Tag mindestens eine Stunde aus diesem Bereich einzuplanen.

Beispielstundenplan für eine Rhythmisierung von 90 min/1,5 h:

Zeiten	Mo	Di	Mi	Do	Fr
07.45 – 08.30	OA	OA	OA	OA	OA
08.30 – 10.00	Pro	LeB	Pro	Leb	Pro
10.00 – 10.30	Pau	Pau	Pau	Pau	Pau
10.30 – 12.00	LeB	Wos	LeB	Wos	LeB
12.00 – 13.00	BeGe	BeGe	BeGe	BeGe	Wab
13.00 – 13.45	MP	MP	MP	MP	Wab
13.45 – 14.30	Pro	Wos	Pro	Wos	-
14.30 – 16.00	Pro	Wos	Pro	Wos	-

Variante:
Rhythmisierung 60 min/1 h
Beginn 07.30 Uhr, Ende 16.00 Uhr
07.30 – 08.00 OA
08.00 – 10.00
10.00 – 10.30 Pau
10.30 – 12.30
12.30 – 13.30 BeGe
13.30 – 14.00 MP
14.00 – 16.00

Legende:
OA – Offener Anfang
Pro – Projekt
LeB – Lernbüro
Pau – Pause
Wos – Workshop
BeGe – Bewegung und Gesundheit
MP – Mittagspause
Wab – Wochenabschluss

Von der Utopie zum realistischen Ausprobieren

Beginnen Sie mit ersten Schritten

Sie werden sicher sagen, dieses Konzept ist für alle „herkömmlichen" Schulen nicht umsetzbar – da die curricularen Vorgaben dieser Form von Unterricht nicht entsprechen. Wir haben die Erfahrung gemacht, dass **erste Schritte** sehr wohl möglich und sehr effektiv sind:

- In den Hauptfächern (DE, MA, EN) haben wir von unseren vier oder fünf Stunden zwei individualisiert gestaltet.
- Die Schüler haben wie im Lernbüro mit Kompetenzrastern oder anderen Instrumenten individuell gelernt und gearbeitet.
- Die restlichen Fachstunden haben wir so durchgeführt, dass die Schüler ihr erworbenes Wissen anwenden und in Handlungen umsetzen konnten.

So wurden im Englischunterricht die Fachkenntnisse in Gesprächssituationen oder Diskussionen und Debatten umgesetzt, im Deutschunterricht arbeiteten die Schüler zu unterschiedlichen Themen oder Lektüren in kleinen Fachprojekten und im Matheunterricht ging es um Anwendungen in der Umwelt.

Die Auswirkungen auf den Lernerfolg waren erstaunlich:

- Die Schüler waren entsprechend ihrer Lernvoraussetzungen in der Lage, gezielt ihr Fachwissen zu erweitern.
- Sie zeigten ihre Kompetenzen in Problem- und Handlungssituationen.
- Sie waren deutlich motivierter als im herkömmlichen Unterricht, ihr erworbenes Wissen auch konkret anzuwenden.
- Auf Nachfrage antworteten sie, dass sie jetzt endlich sehen könnten, wozu das Gelernte „eigentlich gut wäre".

Wie Sie Ihren Unterricht ebenfalls schrittweise umgestalten können, zeigt Ihnen dieses Buch. Hier erste **„Appetithappen"**:

„Alle sagten, das geht nicht. Dann kam eine, die hat's gemacht."

- Kompetenzraster können in jedem Fachunterricht eingesetzt werden – es muss ja nicht gleich in all Ihren Fachstunden sein. In zwei von z. B. vier Fachstunden können Kompetenzraster zum selbstverantwortlichen Lernen ein erster Schritt zum Ausprobieren sein.
- Themenpläne und (Wochen-)Arbeitspläne werden schon in vielen Schulformen eingesetzt. In jedem Unterricht können für eine bestimmte Zeitspanne oder zum Üben und Wiederholen Arbeitspläne eingesetzt werden.
- Lernlandkarten sind unser Lieblingsinstrument. Unsere positiven Erfahrungen beim Einsatz im Unterricht zeigen, dass hier den Schülern auf fast allen Ebenen selbstverantwortliches und selbstorganisiertes Lernen ermöglicht werden kann. Die positive Rückmeldung vieler Kollegen bestätigt das.
- „Weniger ist mehr" lautet unsere Devise. Der Einstieg über *eine* Neuerung ist ein völlig ausreichender Schritt in die entsprechende Richtung. Wichtig erscheint uns die Zusammenarbeit mit anderen, die Reflexion über Ihre Erfahrungen und die systematische digitale Sammlung Ihrer im Unterricht eingesetzten Instrumente, Materialien und Medien.

2 Der Lehr-Lern-Prozess: Lernarrangements realisieren

Der Umgang mit Heterogenität ist zu einer generellen Aufgabe von Schule und Unterricht geworden und die Lehr- und Lernprozesse werden entscheidend davon geprägt. In der bildungspolitischen und pädagogischen Diskussion taucht häufig die Standardformel von der **„Heterogenität als Chance"** auf.

Die bloße Feststellung allerdings, dass eine Lerngruppe heterogen ist und damit gleichsam automatisch ein besonders lernförderliches Klima herrscht, ist sachlich falsch. „Es reicht nicht aus, heterogene Lerngruppen als Chance für gemeinsames Lernen zu verstehen, ohne genauer angeben zu können, wie Unterricht für Schülerinnen und Schüler mit unterschiedlichen Begabungen, Leistungen, Sprachkompetenzen und Unterstützungsbedürfnissen angemessen gestaltet werden kann." (Kiper 2004, 5)

In der schulischen Praxis sind die Lehrkräfte auf der Suche nach Möglichkeiten, Unterricht für heterogene Lerngruppen angemessen zu gestalten. Aber wie gelingt es, auf die individuellen Möglichkeiten der Schüler einzugehen? Wie kann man Schülern zugewandt unterrichten, dabei Bloßstellungen vermeiden, klar und strukturiert lehren, ein gutes Klima schaffen, eine interessante Lernumgebung gestalten, in der Leistungsbewertung transparent sein usw.? Kurz, wie kann man alle Gütekriterien, die die Qualität der Lernprozesse beeinflussen, in die Praxis umsetzen? Diese Überlegungen führen zu folgenden Fragen:

- Wie können **Lernarrangements** so strukturiert werden, dass sie individuelle Förderung und Forderung erleichtern?
- Welche **Instrumente** können diesen Prozess unterstützen?
- Welches sind **Ausgangspunkte für Lernprozesse**, in denen die von den Schülern mitgebrachten Kompetenzen optimal gezeigt werden können?

Wir möchten diesen Fragen anhand der drei Grundformen – Lernbüro, Projekt, Workshop – nachgehen. Zunächst müssen wir allerdings deutlich machen, was wir unter dem Begriff Lernarrangement verstehen:

Definition „Lernarrangement"

Lernarrangements verbinden zielgerichtet eine gestaltete Lernumgebung, Instrumente zur Steuerung des Lernens und Materialien/Medien so miteinander, dass die Gestaltung des Unterrichts optimal auf die Lernvoraussetzungen der Schüler zugeschnitten ist und die Schüler individuell Kompetenzen entwickeln können.

Da der Begriff „Lernarrangement“ die Gesamtheit der das Lernen in einer konkreten Situation beeinflussenden Faktoren meint, ist auch das Verhalten der Lehrkraft Teil dieses Arrangements, es hat erheblichen Einfluss auf die Lernerfolge der Schüler.

Auch unter diesem Gesichtspunkt sollte das Angebot einer Schule betrachtet werden. Das erscheint uns plausibel, wenn wir nicht nur die einzelnen Unterrichtsprozesse, sondern das **Gesamtangebot einer Schule** unter dem Aspekt untersuchen, ob in den einzelnen Grundformen, in denen Lernen stattfindet, unterschiedliche Kompetenzen erworben werden können, die gemeinsam eine gute Ausgangsbasis für das Leben nach der Schule bieten.

2.1 Grundform Lernbüro (Aufgabenorientierung)

Jedes Lernarrangement wird nur dann den individuellen Voraussetzungen gerecht, wenn es unterschiedliche Wege und Lerntempi erlaubt und fördert sowie ein hohes Maß an Selbststeuerung voraussetzt. Wir erinnern an unsere Vision der Schule als Marktplatz, wo die folgenden drei Grundformen bereits auftauchten.

Das „Lernbüro“ hat in der beruflichen Bildung eine lange Tradition. Es ist der Ort, in dem die außerschulische Praxis in einem Büro, in einer Firma simuliert wird. Die Übertragung dieses Modells auf die allgemeinbildenden Schulen findet sich vereinzelt im Fach Arbeitslehre bzw. Arbeit-Wirtschaft-Technik. Stärker ist hier die Idee der Übungsfirmen übernommen und in **realen Schülerfirmen** umgesetzt worden. Ein Lernbüro nimmt Aufträge von Lehrkräften, der Schulleitung, von Schülern oder von außerschulischen Einrichtungen an und führt sie gegen Rechnung aus. In den Lernbüros können Schüler alle Tätigkeiten kennen lernen, die von Auszubildenden in Büroberufen erwartet werden.

Auch in der aktuellen Schulentwicklung der allgemeinbildenden Schulen bildet das Grundprinzip, die Verantwortlichkeit und Selbststeuerung der Lerner zu stärken, die didaktische Basis. Der Schwerpunkt liegt dabei auf dem Erwerb der Basiskompetenzen (Lesekompetenz, Sprachkompetenz, Rechenkompetenz, Lernkompetenz). Konkret kann die Realisierung des Lernbüros an allgemeinbildenden Schulen wie folgt aussehen:

Beschreibung des Lernbüros

- Das Lernbüro kann zu festen Zeiten außerhalb des Stundenplans geöffnet, aber auch direkt in bestimmten „Stundenbändern“ in die Unterrichtsrhythmisierung integriert werden.

- Es gibt einen festen Basisraum mit umfangreichen Arbeitsmaterialien, Bibliotheks- und Internetzugang, daneben ist das Lernbüro während der Integrationsphasen in den Unterricht auch mobil.
- Schüler können sich mithilfe der Materialien und Medien Unterrichtsinhalte aneignen, wiederholen, vertiefen und festigen oder einfach ihre Hausaufgaben erledigen.
- Die Schüler orientieren sich am individuellen Lernstand und Lerntempo und an ihren Interessenschwerpunkten.
- Die Arbeit im Lernbüro kann freiwillig oder auf Weisung des Fachlehrers erfolgen.
- Lehrer und ältere Schüler (Tutoren) stehen als Ansprechpartner zur Verfügung und helfen nach Aufforderung bei der Lernorganisation.
- Die Wahl der Lern- und Sozialformen bestimmt der Schüler selber.
- Die Grundlage des hier getroffenen Lernarrangements ist das Wissen, jederzeit Hilfe zu erhalten.
- Die Leistungsrückmeldung erfolgt in Form von Lernentwicklungsgesprächen, schriftlichen Berichten und Zertifikaten für erfolgreich abgeschlossene Sequenzen.

Manche Schulen verbinden mit der Arbeit in Lernbüros weitergehende Konzepte der Individualisierung, sie entwickeln zunächst eine Form, die parallel zum Fachunterricht stattfindet und in erster Linie der Förderung und Festigung von Basiskompetenzen dient. Die **Zeitressourcen** kommen zumeist von den Fächern Deutsch, Mathematik und Englisch, häufig je eine Wochenstunde, sodass für das Lernbüro insgesamt pro Woche drei Stunden zur Verfügung stehen.

Ob die Fächer mit gezielten Übungsanweisungen eng verknüpft oder nur lose durch die Gestaltung der Bausteine bzw. Materialien verbunden sind, wird sehr unterschiedlich gehandhabt, es gibt aber eine erkennbare Grundstruktur in allen Lernbüros.

Im Mittelpunkt steht der **Erwerb von Basiskompetenzen**, deren Systematik sich in Lernplänen (Kompetenzrastern, Lernlandkarten, Themenplänen, Arbeitsplänen, Lernlandschaften oder Förder-/Forderplänen) abbildet. Für die Lernprozesse werden Aufgaben und Materialien in Bausteinen entwickelt. Die Lernprozesse werden in Logbüchern, Portfolios oder Lernjournalen dokumentiert. Das Erreichen von Zielen wird kontrolliert und gekennzeichnet. Die Lehrkräfte beraten die Schüler individuell und treffen mit ihnen Vereinbarungen über die nächsten Schritte. Sie entwickeln gemeinsam mit den Schülern Lösungsideen für persönliche Probleme, die das

Lernen behindern. Sie entscheiden auch, ob die Schülerinnen und Schüler reif sind für den nächsten Schritt im individuellen Lernplan. Eine Checkliste für die Arbeit im Lernbüro finden Sie auf Seite 31 f.

Beispiele aus der Praxis

Die Max-Brauer-Schule und die Gesamtschule Winterhude (beide in Hamburg) haben das Konzept des Lernens im Lernbüro konsequent umgesetzt und unterschiedliche Grundformen des Lernens miteinander verbunden. In der Broschüre zur „Neuen Max-Brauer-Schule" heißt es:

„Was man können muss

Für das Lernen in der Schule und vor allem für das selbstständige Weiterlernen im Berufsleben sind der Erwerb und die Beherrschung von Basiskompetenzen unerlässlich. Dazu gehören der sichere Umgang mit der deutschen Sprache (Lese- und Schreibkompetenz) ebenso wie der sichere Umgang mit mathematischen Symbolen und Routinen wie auch die Fähigkeit, sich in Wort und Schrift in einer modernen Fremdsprache verständigen zu können.

Wie man Kompetenzen erwirbt

Die Fähigkeit, selbstständig zu lernen, erwirbt man nur in einem Unterricht, der individualisiert angelegt ist und den Schülern und Schülerinnen zunehmend Freiräume für eigene Entscheidungen lässt.

Im Lernbüro wechseln Phasen, in denen der Lehrer bei der Einführung eines neuen Themas im Mittelpunkt steht, mit Phasen offenen Unterrichts, der Teamarbeit und des selbstständigen Lernens des einzelnen Schülers. Die Schüler und Schülerinnen werden von Anfang an in die Planung des Unterrichts einbezogen. Jeder Schüler hält eine Übersicht (Kompetenzraster) in Händen, in der die Kompetenzen, die im Laufe einer Woche, eines Monats, einer Schulzeit erworben werden sollen, genau beschrieben sind. Anhand klarer ‚Ich kann …'-Formulierungen kann der Schüler selbst erkennen, was er bisher geleistet hat und was ihm noch zu tun bleibt. […] Mithilfe der Checklisten bespricht der Schüler mit dem Lehrer die nächste Kompetenzstufe, die er erarbeiten möchte oder welche Lücken aus älteren Lernbausteinen er schließen will. Die vereinbarten Ziele hält er in seinem Wochenplan fest, nach dem er selbstständig arbeitet. So ergeben sich sehr individuelle Arbeitspläne. […]

Wie die Lernfortschritte überprüft werden

Die Wochenpläne, die Kompetenzraster und die Checklisten ermöglichen es dem Schüler, sich jederzeit ein Bild über seinen Leistungsstand zu verschaffen. Darüber hinaus spricht der Klassenlehrer mit jedem Schüler über seine abgearbeiteten und die neuen Arbeitspläne. In diesen Gesprächen bekommt der Schüler eine Einschätzung des Lehrers, auf welcher Kompetenzstufe er sich befindet, und Hinweise für seine weitere Arbeit.

Die Lernfortschritte werden durch Punkte auf den Kompetenzrastern festgehalten. Viele Themenbereiche können durch einen Test abgeschlossen werden, der jedoch nicht von allen Schülern gleichzeitig geschrieben werden muss – jeder Schüler schreibt diesen Test dann, wenn er genügend darauf vorbereitet ist.

Die Schüler können ihr erworbenes Wissen auch über ‚Produkte' nachweisen. Solche Produkte können selbst gestaltete Mappen, kleine Vorführungen oder Präsentationen sein. Am Ende des Schuljahres werden von den Schülern selbst als besonders gelungene Leistung betrachtete Arbeitsergebnisse im Portfolio abgeheftet." (MAX-BRAUER-SCHULE HAMBURG 2008, 6 ff.)

2.2 Grundform: Workshop (Themenorientierung)

Die Werkstattidee hat schon vor langer Zeit in den Schulen Eingang gefunden. Die Theaterwerkstatt oder die Literaturwerkstatt z. B. boten Möglichkeiten **praktischen Handelns** und **Erprobens** und waren eine Art „Insel der Erholung" vom Unterricht. Die Gestaltung des regulären Unterrichts wurde dadurch kaum berührt.

Erst mit der inneren Schulreform und der Forderung nach der methodischen Öffnung des Unterrichts für die unterschiedlichen Interessen und Begabungen der Kinder vor allem in den Grundschulen gewann der Werkstattunterricht im normalen Schulalltag an Bedeutung und führte zur Gründung der Lernwerkstätten. Die Arbeit in der Lernwerkstatt fand in vielen Fällen allerdings immer noch außerhalb des Klassenraums statt und galt als etwas Besonderes.

Bedingungen für Werkstattarbeit

In der Weiterentwicklung hat sich diese Idee konkretisiert. Die Konzeption ist durch folgende Bedingungen gekennzeichnet:

- materialintensive Arbeitsplätze für jeden Schüler,
- handelndes und problemlösendes Lernen,
- selbstkontrolliertes, individualisiertes sowie kooperatives Arbeiten,
- Praxis- und Alltagsorientierung.

JÜRGEN REICHEN hat in der vernetzten Entwicklung von Theorie und Praxis dem Werkstattunterricht eine Struktur gegeben, die heute prägend für das Verständnis ist. Der Werkstattunterricht ist quasi in den Klassenraum ein-

► S. 33

Klasse: Datum:

Checkliste für die Arbeit im Lernbüro

1. Welche Lernpläne sollen im Lernbüro eingesetzt werden?

- ☐ Kompetenzraster
- ☐ Lernlandkarte
- ☐ Themenplan
- ☐ Arbeitsplan
- ☐ Lernlandschaft
- ☐ Förder-/Forderpläne

2. Wie und mit welchen Verfahren sollen die Lernvoraussetzungen der Schüler festgestellt werden (Check-in)?

- ☐ standardisierte Tests (z. B. HSP, Münsteraner Rechtschreibanalyse)
- ☐ fachspezifische Tests der Schulbuchverlage
- ☐ Testverfahren online
- ☐ schulspezifische interne Tests
- ☐ individuelle fachspezifische Tests
- ☐ Selbsteinschätzungen (Checklisten)

3. Welche Möglichkeiten der Lernbegleitung gibt es für die Schüler?

- ☐ Checklisten mit Trainingsmöglichkeiten
- ☐ Logbücher
- ☐ Lernjournale
- ☐ Wochenpläne
- ☐ Portfolios

4. Wie kann jeder Schüler seinen individuellen Kompetenzzuwachs überprüfen (Check-out)?

- ☐ Test (z. B. Teste dich selbst, Rückspiegel, Was habe ich gelernt?)
- ☐ Checkliste mit Selbsteinschätzung
- ☐ Selbsteinschätzungsbogen
- ☐ Fragebogen

5. Mithilfe welcher Lernstandsmessungen bzw. Leistungsnachweise kann der Kompetenzerwerb der Schüler einer Lerngruppe festgestellt werden?

- ☐ Vergleichsarbeiten
- ☐ Lernstandsfeststellung (Klassenarbeit, Klausur, Multiple-Choice-Test)
- ☐ Zertifikat
- ☐ Portfolio
- ☐ Lernpläne (Kompetenzraster, Lernlandkarten usw.)

▶

Klasse: Datum:

Checkliste für die Arbeit im Lernbüro

6. Welche Lernkompetenzen müssen die Schüler für die Arbeit im Lernbüro beherrschen?

- ☐ Arbeitstechniken
- ☐ Lesekompetenz
- ☐ Schreibkompetenz
- ☐ Medienkompetenz
- ☐ Recherchekompetenz
- ☐ Kontrolltechniken

7. Welche Materialien und Medien sollen eingesetzt werden und müssen zu Beginn vorliegen?

- ☐ Schulbücher (eventuell unterschiedliche)
- ☐ Arbeitsblätter zum Kompetenzerwerb
- ☐ Primär- und Sekundärmaterial
- ☐ Quellentexte
- ☐ Bildmaterial
- ☐ Lernprogramme, Lernsoftware

8. Welche zeitlichen und räumlichen Rahmenbedingungen müssen geschaffen werden?

- ☐ funktionale Aufteilung der Räume (individuelle Arbeitsplätze)
- ☐ Regeln zur Nutzung der Räume
- ☐ konzentrationsfördernde Arbeitsatmosphäre
- ☐ Absprache mit den Kollegen
- ☐ Rhythmisierung

9. Weitere Arbeitsschritte

gezogen, wird zum Unterrichtsprinzip. „Werkstattunterricht entsteht also aus einem von der Lehrerin organisierten offenen Arrangement von Lernsituationen und Materialien, bei dem die Kinder Mitbestimmungsmöglichkeiten hinsichtlich der Arbeitsformen und Inhalte haben, sodass z. T. auch Schülerinteressen, -bedürfnisse, -initiativen zum mitbestimmenden Moment schulischen Lernens werden. Dabei wird nicht die ganze Klasse gemeinsam für die Dauer einer Lektion in einem bestimmten Fach unterrichtet, sondern es wird in Zeitblöcken individualisiert und oft fächerübergreifend gearbeitet. Den Kindern werden verschiedene Lernangebote unterbreitet, von denen sie – nach bestimmten Regeln – freien Gebrauch machen können. Diese Lernangebote umfassen z. B. Arbeitsblätter zu Sprache und Mathematik, Übungen zur Alleinarbeit mit einem Kontrollgerät (z. B. Profax), Lesestoff, aber auch sachunterrichtliche Aufgaben wie Versuche zu Maß und Gewicht (mit Waagen, Messbechern usw.) oder musische Tätigkeiten (ein Lied dichten, vertonen und mit Orff-Instrumenten vorspielen) usw." (REICHEN 2001, 53)

Die **Lernumgebung** hat einen zentralen Stellenwert eingenommen. Sie muss so gestaltet sein, dass die Schülerinnen und Schüler sich frei und individuell einem Lerngegenstand nähern können, ohne unter dem Druck zu stehen, ein vorgegebenes Lernpensum absolvieren oder festgelegte Lernwege gehen zu müssen.

Alle Wahrnehmungskanäle ansprechen

Die **Arbeitsaufträge** sind in dieser Struktur der Schlüssel zum erfolgreichen Lernen. Sie müssen möglichst alle Wahrnehmungskanäle ansprechen, unterschiedliche Tätigkeiten initiieren und vielfältige Medien in die Nutzung einbeziehen.

Beispiel: Max-Brauer-Schule

Die Werkstätten in dieser Schule bilden eine eigenständige Unterrichtsform neben den anderen Formen Lernbüro und Projekt. In den Werkstätten geht es darum, dass die Schüler nach ihren Interessen praxisorientiert forschen und arbeiten können. In den Jahrgängen 5 und 6 besuchen die Schüler vier Werkstätten pro Woche, ab der 7. Klasse gibt es nur noch eine Werkstatt. Stattdessen können die Schüler dann aus dem Wahlpflichtbereich Fächer auswählen. Die Arbeit in den Werkstätten ist auf bestimmte Fächer (Arbeitslehre, Kunst, Musik, Darstellendes Spiel) bzw. weitere Aktivitäten bezogen, die an der Gesamtschule möglich sind. Dabei steht die Forderung und Förderung der individuellen Interessen und Fähigkeiten der Schülerinnen und Schüler im Mittelpunkt.

Anders als in den verbreiteten Lernwerkstätten gehört der Erwerb der Basiskompetenzen und des Basiswissens in den genannten Fächern zu den Aufgaben der Werkstatt. Dies wird erreicht über die festen Vorgaben, welche Werkstätten über welchen Zeitraum besucht werden müssen. Die Schüler arbeiten so in jedem dieser Bereiche, entdecken persönliche Vorlieben und erwerben Basiskompetenzen.

Workshop statt Werkstatt

Der Werkstattunterricht bildet in unserer Modellschule die zweite Grundform der Lernarrangements. Wir möchten dieses Arrangement dennoch lieber „Workshop" nennen. Es gibt dafür drei Gründe:

Mit dem Begriff möchten wir die **Bedeutung der Themen** betonen. Sie geben die Impulse für die Entwicklung von Strategien, um Fragestellungen zu finden und zu bearbeiten. Die Arbeitsaufträge sind also nicht Teil der vorbereiteten Lernumgebung, sondern entwickeln sich erst während der Arbeit.

Zum zweiten verbindet man mit dem Begriff „Workshop" eine Form, in der die Lernenden **voneinander lernen**. Die Gruppe verständigt sich über die Anforderungen, die aus den selbst gestellten Aufträgen resultieren, und entwickelt eine Art Anforderungsprofil. Daran können sich die einzelnen Lernenden mit ihren Kompetenzen orientieren und diese in den Prozess einbringen.

Drittens steht in einem Workshop das **gemeinsame Ergebnis**, verbunden mit der Option der Präsentation, im Mittelpunkt. In dieser Präsentation können dann neue Anregungen und Fragestellungen für weitere Workshops enthalten sein, auf diese Weise entwickelt sich schnell ein Wissensnetz in einer Schule, von dem auch andere Gruppen profitieren.

Lehrerrolle in den Workshops

In den Workshops ist die Rolle der Lehrkraft nicht die des Wissensvermittlers, sondern die des **produktiven Begleiters** der Lern- und Arbeitsprozesse. In der Vorbereitung muss die Lern- und Arbeitsumgebung anregend und sachlich sinnvoll gestaltet und ausgestattet sein. In den Anfangs- und Reflexionsphasen der Arbeit ist die Moderation stark gefragt, in den Krisen und Konfliktfällen brauchen die Schüler eine hilfreiche Beratung und eine vorurteilsfreie Grundhaltung bei einem sozial-integrativen Führungsstil.

Als Beispiele führen wir hier Workshops aus unserer Praxis in folgenden Bereichen an:

Themen für Workshops

1. Naturwissenschaften
- Die Chemie ersetzt den Vorkoster.
- Erwünschte Verbrennungen – unerwünschte Folgen?
- Unberechenbare Natur

2. Gesellschaftswissenschaften
- Vorsicht Falle – Manipulation und Medien
- Ist die Erde zu voll?
- Eine Revolution – aber nicht für Frauen

3. Lern- und Arbeitstechniken/Umgang mit Medien
- Twittern, bloggen, chatten
- Auf in die schillernd bunte Welt der Begabungen!
- Der kleine Zahlenteufel

4. Musik/Kunst/Darstellendes Spiel
- Afrikanische Musikinstrumente
- Hundertwasser einmal anders
- Improvisationstheater

5. Arbeitslehre/Wirtschaft
- Strick dir was!
- Bücher selber binden
- Wem gehören die Gasleitungen?

2.3 Grundform: Projekt (Problemorientierung)

Projekte orientieren sich an **gesellschaftlich relevanten Problemen**, die für die Schüler auch außerschulisch von Bedeutung sind. Dadurch wird der lebenspraktischen Sinnorientierung des Lernens im Unterricht ein angemessenes Gewicht gegeben. Das grundlegende pädagogische Ziel in Projekten besteht darin, ein weltoffenes und historisch-politisches Bewusstsein zu entwickeln und Schüler zu ermuntern, sich in allen gesellschaftlich wichtigen Fragen einzumischen, selber aktiv zu handeln. Das schaffen sie auf der Basis des Einsatzes und der Weiterentwicklung ihrer individuellen Kompetenzen.

Die Arbeit in Projekten ist in ihren Möglichkeiten besonders geeignet, dem Anspruch der Kompetenzorientierung in der Schule gerecht zu werden.

Große Chance für individuelle Kompetenzen

Deutlich stärker als in den beiden anderen Grundformen bieten Projekte ideale Möglichkeiten, individuelle wissensbasierte Kompetenzen in einen kooperativen Prozess einzubringen. Dazu gehören z. B. die Fähigkeiten:

- sich über einen längeren Zeitraum mit einem Thema zu beschäftigen,
- Widerstände zu überwinden und sich durchzubeißen,
- andere zu überzeugen, sich aber auch selber überzeugen zu lassen,
- kooperativ zu arbeiten und dabei Streitsituationen sowie individuelle und kollektive Frustrationen auszuhalten,
- Arbeit einzuteilen und Geduld und Ausdauer zu entwickeln,
- planerische Fähigkeiten einzusetzen.

Beispiel: Max-Brauer-Schule

Seit dem Schuljahr 2006/07 steht ein Drittel der Stunden im Ganztagsbetrieb für das projektorientierte Lernen zur Verfügung. Es ist damit ein fester und bedeutsamer Teil des Unterrichts. Die Schule ordnet die Projekte unter Oberthemen, die zumindest in den Jahrgängen 5 und 6 fachübergreifend realisiert werden, jeweils mit einem Schwerpunktfach als Bezugspunkt, so z. B. in dem Projekt „Orientierung auf der Erde – ein Land meiner Wahl" mit dem Schwerpunktfach Naturwissenschaften, siehe Übersicht auf Seite 37. Anders als in den meisten Projekten ist der Erwerb von Basiswissen auch hier Bestandteil der Projekte selbst. Die Schüler erwerben in den Projekten ein grundlegendes Basiswissen und wählen dann ihre eigenen Arbeits- und Forschungsschwerpunkte. So erarbeiten sich die Schüler z. B. im Projekt „Orientierung auf der Erde" fachliches Wissen u. a. über die Gestalt und das Gradnetz der Erde oder für den Umgang mit dem Atlas. Mit dem „Land meiner Wahl" setzen die Schüler dann ihren eigenen Forschungsschwerpunkt und können ihr gewähltes Land aus ganz verschiedenen Blickwinkeln heraus „erkunden". Den Interessen der Kinder, das Thema mit Herz und Hand zu bearbeiten, sind hier keine Grenzen gesetzt. (Max-Brauer-Schule 2008, 8)

Weitere Beispiele für Projektvorhaben im 5. Jahrgang aus unserer Praxis

Projekt 1: Am Anfang ist alles neu – wir lernen uns kennen
Projekt 2: New York liegt nicht im Sauerland – wir orientieren uns
Projekt 3: Bücherwurm und Zahlenteufel – wir lesen und rechnen
Projekt 4: Götter, Gräber und Gelehrte – wir leben in der Antike
Projekt 5: Hundkatzemausbaumblatt – wir lernen Pflanzen
und Tiere kennen
Projekt 6: Oldenburg sucht den Superstar – wir präsentieren uns
Projekt 7: Das große Wissensquiz – wir experimentieren
Projekt 8: Wir sind Kinder einer Erde – wir stellen uns vor

► S. 38

Übersicht des fächerübergreifenden Projekts „Orientierung auf der Erde" des 5. Jahrgangs der Max-Brauer-Schule

Gesellschaft
- Entstehung der Erde
- Gestalt der Erde
- Kontinente/Ozeane
- Jahreszeiten/Tag und Nacht
- Globus/Karten/Atlas

Gesellschaft
- **Ein Land meiner Wahl/Europa**
  - Lebensräume/Klima
  - Topografie
  - Kultur
  - Sehenswürdigkeiten
  - Wirtschaft

Musik
- Lieder und Tänze ...
- Musikinstrumente ...
- Nationalhymne ...

... aus dem Land meiner Wahl

Mathematik
- Gradnetz/Koordinaten
- Himmelsrichtungen/Kompass
- Rekorde auf der Erde
- Weltzeit/Kalender
- Mein Land in Zahlen

Arbeitstechniken
- Fragestellungen entwickeln
- Mindmap erstellen
- Mappe erstellen

Arbeitslehre
- Höhenlinienmodell bauen
- Globusmodell bauen
- Kompass bauen

Deutsch
- Fragen formulieren
- Lebenswelt beschreiben
- Geschichten und Märchen aus dem Land meiner Wahl

Das Land meiner Wahl:

____

Religion
- Schöpfungsgeschichten ...
- Religion ...
- Besondere Feste ...

... im Land meiner Wahl

Sprachen
- Sprache und Minigrundwortschatz im Land meiner Wahl

Kunst
- Kunst und Gebäude aus dem Land meiner Wahl

Naturwissenschaft
- Entstehung der Erde
- Sterne und Planeten
- Bestimmung der Himmelsrichtungen
- Tiere und Pflanzen im Land meiner Wahl

Interkulturelle Erziehung/Globales Lernen
- Feste/Musik/Tanz ...
- Ernährung und Lebensgewohnheiten ...

... im Land meiner Wahl

Projekt 9: Eine Reise um die Welt – wir orientieren uns
Projekt 10: www.krimi.de – wir schreiben und präsentieren Kriminalgeschichten
Projekt 11: Auf den Spuren der Menschen – wir leben in der Steinzeit
Projekt 12: Eine Woche ohne Eltern – wir organisieren uns
Projekt 13: Elefantastisch – wir experimentieren

2.4 Lernpläne als Instrumente des Unterrichts

Lernpläne sind wichtige Strukturierungshilfen im Unterricht

Lernpläne sollen den Lernprozess strukturieren. Diese Instrumente dienen im individualisierenden Unterricht dazu, gemeinsam mit dem Schüler seine Lernentwicklung zu dokumentieren und zu reflektieren.

Dafür haben sich unterschiedliche Lernplanformen in den Schulen bewährt, die je nach Voraussetzungen und Bedingungen eingesetzt werden:

- Kompetenzraster
- Lernlandkarten
- Themenpläne
- Arbeitspläne
- Lernlandschaften
- Förder-/Forderpläne

Allen Plänen gemeinsam ist, dass die vereinbarten Ziele darin festgehalten werden. Jeder Schritt auf dem Weg zum Ziel wird dokumentiert, indem schriftliche Bearbeitungen und Ergebnisse in einer entsprechenden Dokumentationsmappe (Fachmappe) gesammelt werden. Regelmäßig – meist nach einer Lernetappe oder Unterrichtseinheit – finden Gespräche zwischen Schülerin oder Schüler und der Lehrkraft statt, in denen folgende Punkte besprochen werden:

- Welche Ziele hat der Schüler sich gesetzt?
- Welche Kompetenzen hat der Schüler erworben?
- Welche Aufgaben hat er mit welchem Erfolg erledigt?
- Welche Probleme und Schwierigkeiten haben sich ergeben?
- Welche Hilfestellungen benötigt der Schüler für die Weiterarbeit?
- Welche Ziele stehen jetzt für die folgende Phase an?

Die Ergebnisse der Besprechungen werden im individuellen Lernportfolio festgehalten (siehe Seite 40). Wir haben die Erfahrung gemacht, dass die Schüler mit zunehmendem Alter immer besser in der Lage sind, mit individuellen Lernplänen zu arbeiten und diese auch sukzessive selber erstellen können.

Individueller Lernplan mit zeitlicher Begrenzung
Individuelle Lernpläne mit konkreten, zeitlich begrenzten Lernvereinbarungen sind besonders dann erforderlich, wenn ein Schüler Probleme bei der Entwicklung seiner Kompetenzen hat. In die Besprechung der Vereinbarungen können weitere Personen mit eingebunden werden, z. B. andere Lehrer, Eltern, Mitschüler, Freunde, Sozialpädagogen usw.

Sie sind auf **kurze überschaubare Zeiträume** begrenzt (eine Woche, ein Monat), damit der Schüler relativ schnell den Erfolg der Maßnahme sieht. Sinnvoll sind individuelle Lernpläne immer dann, wenn in einem Unterricht trotz der differenzierten Vorgehensweisen der Lernerfolg und damit die Kompetenzentwicklung des Schülers nicht ausreichen.

Beispiele für individuelle Lernpläne finden Sie am Ende des Kapitels (siehe Seite 42 ff.), denn individuelle Lernpläne können gleichzeitig auch immer Förder- oder Forderpläne sein.

2.5 Kompetenzraster

Kompetenzraster sollen den Schülern dabei helfen, genau im Blick zu behalten, welche Kompetenzen sie in einem Fach über einen bestimmten Zeitraum (z. B. ein Schulhalbjahr) lernen sollen und wo sie aktuell in ihren Leistungen stehen. Dabei werden die Kompetenzen „übersetzt" in verständliche Sätze, die mit **„Ich kann"** beginnen. Hier ein Beispiel aus einem Kompetenzraster Englisch: „Ich kann kurze, einfache Sätze schreiben, einfache Formulare ausfüllen und Fragen beantworten."

In Form einer Matrix (Tabelle) wird für ein bestimmtes Fach, ein Fachgebiet oder einen Lernbereich dargestellt, was und wie gut ein Schüler bestimmte Inhalte und Fertigkeiten, die in entsprechende Teilbereiche untergliedert sind, lernen kann. Auch die notwendigen Anforderungen für die unterschiedlichen Niveaus sind dargestellt. Zu jedem einzelnen Feld (entspricht einer Niveaustufe) der Matrix gibt es umfangreiches Aufgabenmaterial zur Bearbeitung (Ordner im Lernraum, Ablage), das für die Schüler jederzeit frei zugänglich ist.

Orientierungshilfe für den Schüler

Der Schüler dokumentiert und nummeriert seine erbrachten Leistungen in einer Fachmappe oder einem Fach-Portfolio und verdeutlicht seinen erreichten Lernstand durch eine Markierung auf dem entsprechenden Feld des Kompetenzrasters, z. B. mit einem farbigen Klebepunkt. So können sowohl der Lehrer als auch der Schüler jederzeit den aktuellen Stand sehen.

Die Raster zeigen in der Vertikalen die Inhalte, Fertigkeiten und Fähigkeiten sortiert nach **Lernbereichen** an (für Englisch z. B. Verstehen, Schreiben, Sprechen).

► S. 41

Klasse: Datum:

Entwicklung eines Kompetenzrasters für ein Fach (Lernbereich)

Niveaustufen / Kompetenzen	A	B	C	D	E	F
K 1						
K 2						
K 3						
K 4						
K 5						

K 1 … zu entwickelnde Kompetenzen oder Teilkompetenzen im Fach (Lernbereich)
A, B … Niveaustufen, Anforderungsbereiche, Ausprägungen
In die einzelnen Felder werden konkrete, nachweisbare Kenntnisse, Fähigkeiten, Fertigkeiten auf den verschiedenen Niveaustufen als „Ich-kann"-Formulierungen eingetragen.

In der Horizontalen werden verschiedene **Niveaustufen** (Grad der Ausprägung) dargestellt, auf der der Schüler etwas gelernt hat, d. h., hier wird die Entwicklung des Lernstandes erkennbar.
Es ist nicht zwingend erforderlich, Kompetenzraster auf sechs Niveaustufen zu entwickeln. Die vierstufigen Kompetenzraster orientieren sich an den empirisch belegten Entwicklungsständen der Beherrschung selbstgesteuerten Lernens und den „Stufen der Selbstständigkeit im Denken und Handeln" von HILBERT MEYER (MEYER in KIPER u. a. 2004, 117 ff.).

Stufen der Selbstständigkeit nach HILBERT MEYER**:**
A: Abhängigkeit von Fremdregulation/Abarbeiten vorgegebener Lernschritte (schriftlich, mündlich oder durch Vormachen)
B: Inseln selbstständigen Lernens/geringe Selbstständigkeit im Rahmen vorgegebener Lernschritte
C: planvolles Zusammenspiel von Selbst- und Fremdregulation
D: reflektiertes Zusammenspiel von Selbst- und Fremdregulation/selbstständige Strategieverfolgung und Reflexion

Kompetenzraster werden **gemeinsam** von einer Fachschaft oder von mehreren Kollegen **erarbeitet**. Die Formulierungen müssen für alle Schüler verständlich sein, damit sie wirklich wissen, welche Anforderungen an sie gestellt werden. Nur so entsteht ein Instrument, das der Selbstkontrolle des Schülers dient. Dadurch, dass man genau ablesen kann, was auf der nächsten Niveaustufe verlangt wird, und durch die „Ich-kann"-Sätze entsteht eine stärkere Motivation zum Weiterlernen.

Selbstverständlich werden die schulischen Bedingungen an der einzelnen Schule, die jeweiligen Schulcurricula, örtliche Rahmenbedingungen, die Versorgung mit Personal und Material, bei der Ausarbeitung der Kompetenzraster berücksichtigt.

Wir zeigen auf den folgenden Seiten verschiedene Beispiele. Sie finden im Internet Hinweise und weitere Beispiele, etwa auf der Seite: http://www.kompetenzraster.de.

Praktischer Tipp: laminieren

Jede Schülerin und jeder Schüler bekommt sein eigenes Kompetenzraster, versehen mit dem Namen, das an sicherer Stelle in der Schule aufbewahrt wird. Noch ein praktischer Tipp: Es hat sich bewährt, die Kompetenzraster doppelseitig zu kopieren und zu laminieren. Auf der einen Seite ist jederzeit der komplette Text lesbar; auf der anderen Seite kann man die Klebepunkte anbringen. Es macht dann nichts, wenn diese den Text teilweise bedecken.

▶ S. 44

Kompetenzraster Mathematik – inhaltsbezogene mathematische Kompetenzen Sek I

	A 1		
	A 1.1	**A 1.2**	**A 1.3**
Leitidee Zahl	a) Ich kann natürliche Zahlen darstellen und nach bestimmten Eigenschaften vergleichen.	a) Ich kann Bruchteile darstellen und vergleichen.	a) Ich kann Bruchzahlen und Dezimalzahlen addieren und subtrahieren.
	b) Ich kann mit natürlichen Zahlen rechnen.	b) Ich kann Bruchzahlen und Dezimalzahlen darstellen und vergleichen.	b) Ich kann Bruchzahlen und Dezimalzahlen multiplizieren und dividieren.
Leitidee Messen	a) Ich kann Längen und Gewichte messen und die Einheiten situationsgerecht auswählen.	Ich kann Winkel messen, zeichnen und nach bestimmten Eigenschaften unterscheiden.	a) Ich kann den Flächeninhalt und den Umfang von einfachen Figuren bestimmen. Ich kann die Einheiten situationsgerecht auswählen.
	b) Ich kann mit den Größen Geld und Zeit umgehen und Einheiten situationsgerecht auswählen.		b) Ich kann das Volumen und den Oberflächeninhalt von einfachen Körpern bestimmen. Ich kann die Einheiten situationsgerecht auswählen.
Leitidee Raum und Form	a) Ich kann geometrische Figuren und Körper in der Umwelt erkennen, benennen und beschreiben.	Ich kann symmetrische Figuren und Muster erkennen und erstellen.	a) Ich kann ebene Figuren zeichnen und nach bestimmten Eigenschaften beschreiben, unterscheiden und ordnen.
	b) Ich kann Körpernetze von Quadern entwerfen und diese Körper herstellen.		b) Ich kann Körper nach bestimmten Eigenschaften beschreiben und unterscheiden.
Leitidee funktionaler Zusammenhang	a) Ich kann Tabellen und Diagramme lesen oder selbst erstellen und dabei Beziehungen beschreiben.	a) Ich kann einfache Beziehungen im Koordinatensystem erkennen, darstellen und beschreiben.	a) Ich kann Situationen und Vorgänge tabellarisch, grafisch und sprachlich darstellen und untersuchen.
	b) Ich kann Gleichungen durch (systematisches) Probieren lösen.	b) Ich kann mit Maßstäben situationsgerecht arbeiten.	b) Ich kann Situationen und Vorgänge mithilfe von Gleichungen und Termen beschreiben.
Leitidee Daten und Zufall	Ich kann Daten aus meiner Lebenswelt sammeln, darstellen und auswerten sowie Grafiken aus meiner Lebenswelt auswerten.	a) Ich kann die Wahrscheinlichkeit bei einstufigen Zufallsversuchen bestimmen.	Ich kann absolute und relative Häufigkeiten im Umgang mit Daten und Zufallsversuchen nutzen.
		b) Ich kann mit systematischem Zählen die Anzahl von Möglichkeiten bestimmen.	

A 2		B 1	
A 2.1	**A 2.2**	**B 1.1**	**B 1.2**
Ich kann rationale Zahlen darstellen, vergleichen und mit ihnen rechnen.	Ich kann Zahlen der Situation angemessen darstellen, auch mit Zehnerpotenzen. Ich kann Quadratwurzeln in Sachzusammenhängen nutzen.	Ich kann rationale und irrationale Zahlen unterscheiden und mit ihnen rechnen.	Ich kann an Beispielen den Zusammenhang zwischen Rechenoperationen (z. B. Potenzieren) und deren Umkehrungen erklären und nutzen.
a) Ich kann den Flächeninhalt und den Umfang von Dreiecken, Parallelogrammen und Trapezen bestimmen.	a) Ich kann mit dem Satz des Pythagoras Berechnungen in rechtwinkligen Dreiecken durchführen.	Ich kann an Körpern (wie Zylinder, Pyramide, Kegel und Kugel) Berechnungen von geometrischen Größen durchführen.	Ich kann trigonometrische Beziehungen zum Lösen von Problemen und zum Bestimmen von geometrischen Größen nutzen.
b) Ich kann das Volumen und den Oberflächeninhalt von Prismen sowie daraus zusammengesetzten Körpern bestimmen.	b) Ich kann Berechnungen am Kreis durchführen. Ich kann das Volumen und den Oberflächeninhalt von Zylindern bestimmen.		
Ich kann Körpernetze und Schrägbilder von Prismen zeichnen und Körpermodelle herstellen.	a) Ich kann Dreiecke konstruieren und nach bestimmten Eigenschaften unterscheiden.	Ich kann Eigenschaften und Beziehungen zwischen geometrischen Objekten (wie Symmetrie, Kongruenz, Ähnlichkeit) beschreiben und begründen.	Ich kann Eigenschaften und Beziehungen zwischen geometrischen Objekten (wie Symmetrie, Kongruenz, Ähnlichkeit) zum Problemlösen nutzen.
	b) Ich kann Vierecke konstruieren und nach bestimmten Eigenschaften unterscheiden.		
a) Ich kann Dreisatzaufgaben lösen und dabei proportionale Zuordnungen erkennen und unterscheiden.	a) Ich kann Geraden im Koordinatensystem darstellen, beschreiben und unterscheiden, auch bezogen auf Sachsituationen.	a) Ich kann funktionale Zusammenhänge analysieren, interpretieren und unterschiedlich darstellen. Ich kann lineare und quadratische Gleichungssysteme mit zwei Variablen lösen.	a) Ich kann mit exponentiellen Funktionen umgehen und sie bei der Beschreibung und der Bearbeitung von Problemen anwenden.
b) Ich kann die Prozentrechnung sachgerecht anwenden.	b) Ich kann lineare Gleichungen lösen.	b) Ich kann quadratische Gleichungen und lineare Gleichungssysteme mit zwei Variablen lösen.	b) Ich kann zur Beschreibung von periodischen Vorgängen die Sinusfunktion nutzen.
Ich kann Datenerhebungen planen, durchführen und auswerten und dabei statistische Kennwerte verwenden. Ich kann vorgegebene Datenerhebungen unter verschiedenen Gesichtspunkten auswerten.	Ich kann Aussagen über den Ausgang einfacher Zufallsexperimente machen und diese Aussagen überprüfen. Ich kann zweistufige Zufallsversuche mithilfe von Baumdiagrammen darstellen.	Ich kann Wahrscheinlichkeiten von Zufallsexperimenten experimentell und rechnerisch bestimmen. Ich kann die Pfadregeln zur Problembeschreibung und -lösung verwenden, auch bei mehrstufigen (mehr als zweistufigen) Zufallsexperimenten.	Ich kann statistische Darstellungen analysieren und Manipulationen erkennen.

(Landesinstitut für Lehrerbildung und Schulentwicklung Hamburg, Arbeitsgruppe mit Karsten Patzer, Stand 1.1.2009)

Zuerst Lernausgangsdiagnose stellen

Das Ziel des selbstverantwortlichen und selbstgesteuerten Lernens mit Kompetenzrastern ist aber nur dann zu erreichen, wenn es vor Beginn der Bearbeitung eine Lernausgangsdiagnose bzw. einen Lerneingangstest gibt: Wo steht der Schüler? Wie sieht sein aktueller Lernstand aus? Was sind seine Lernvoraussetzungen? Mit welchen Kenntnissen startet er zu Beginn der Arbeit mit dem Kompetenzraster?

Eine Checkliste, in der die einzelnen Aufgaben und Trainingsmöglichkeiten festgehalten sind, begleitet die Arbeit mit den Rastern (siehe Kapitel 3.9 Kontrolltechniken).

Eine Selbsteinschätzung am Ende einer Bearbeitungsphase (Check-out) und ein Test stellen den Leistungsstand des Schülers fest. In Verbindung mit dem Kompetenzraster und seinen Markierungen kann der individuelle Lernstand und der Fortschritt des Schülers inhaltlich und optisch gut verdeutlicht werden. Gleichzeitig zeigen sie an, in welchen Bereichen der Schüler besonders viel erreicht hat oder wo er gegebenenfalls noch nacharbeiten sollte. Der Schüler kann sein Lernen selbstverantwortlich weiter planen, Absprachen mit dem Lehrer treffen, aber auch seine Eltern über seinen Lernstand und seine Fortschritte informieren.

Checkliste für die Arbeit mit Kompetenzrastern – ein Ablaufplan

1. Lernstandsdiagnose
2. Erste Markierung in das Kompetenzraster
3. Auswahl einer Kompetenz (mit entsprechender Niveaustufe)
4. Lernbegleitende Checkliste mit Kompetenzen und Aufgaben
5. Wahl und Anlegen eines lernbegleitenden, dokumentierenden Instruments (Logbuch, Lernjournal, ...)
6. Bearbeitung der entsprechenden Aufgaben (Lernjob)
7. Überprüfung durch Selbsteinschätzung und Test
8. Lernstandsmessung durch Leistungsüberprüfung
9. Rücksprache mit dem Lehrer (Lernstandsgespräche)
10. Zweite Markierung auf dem Kompetenzraster für erfolgreiche Bearbeitung

► S. 50

Kompetenzraster Englisch 7./8. Klasse

	Grundanforderungen	Erweiterte Anforderungen
Bereich Verstehen	Ich kann aus einfachen Texten Informationen entnehmen, wenn ich sie lese oder höre. Ich verstehe leichte Geschichten und Alltagstexte.	Ich kann den Inhalt eines längeren Textes verstehen, nachdem ich mir den Inhalt erarbeitet habe. Ich kann den Inhalt wiedergeben, Fragen dazu beantworten und meine Meinung äußern. Aus gehörten Texten kann ich Einzelinformationen entnehmen.
Bereich Sprechen	Ich kann einfache Angaben zu mir und meinem Alltag machen. Ich kann einkaufen, bestellen, nach dem Weg fragen usw., sodass ich verstanden werde, auch wenn ich Fehler mache. Ich kann Fragen verstehen und darauf zumindest mit einfachem Vokabular antworten. Ich kann Texte fehlerfrei vorlesen, wenn ich sie vorher geübt habe. Ich kann zu verschiedenen Themen kleine Texte vortragen.	Ich kann mich mündlich zu verschiedenen Themen äußern, auch in längeren Wortbeiträgen. Ich kann auch schwierige Texte sinngestaltend vorlesen, wenn ich sie vorher geübt habe. Ich kann auch spontan auf Fragen oder zu verschiedenen Themen sprechen.
Bereich Wortschatz	Ich beherrsche einen Grundwortschatz für alltägliche Bereiche, bin aber nicht ganz sicher in der Rechtschreibung.	Ich kann einen erweiterten Grundwortschatz sicher schreiben und aktiv anwenden.
Bereich Schreiben	Ich kann kurze Texte richtig aufschreiben, Briefe schreiben, bekannte Inhalte schriftlich wiedergeben oder dazu berichten. Zu vorgegebenen Themen kann ich mich schriftlich äußern.	Ich kann längere Texte zu verschiedenen Themen schreiben. Ich kann mich differenziert ausdrücken und mache wenig Fehler.
Bereich Grammatik	Ich kann einfache Sätze, Verneinungen und Fragen bilden. Ich beherrsche die Formen der Vergangenheit, Gegenwart und Zukunft.	Ich beherrsche die Grundanforderungen immer sicherer und mache wenig Fehler.

(Integrierte Gesamtschule Hamm/Sieg, Dr. Gabriele Lindemer)

Lernwerkstatt Schiller

Hören, Lesen & Verstehen Literatur, Sachtexte, Hörspiele, Filme, Nachrichtensendungen, Zeitungsartikel	Ich lese regelmäßig: Lesebuchtexte, Jugendbücher, Sachtexte, Zeitungstexte, Gedichte. Ich höre/sehe Nachrichtensendungen. Ich trainiere das Lesen und das Vorlesen. Ich lerne pro Halbjahr mindestens ein Gedicht auswendig und trage es vor.	Ich kann Texte verstehen, d. h., ich bearbeite sie: ich stelle Fragen und kann Tools 2 nutzen. Ich kann die Methoden Zuhörhilfe und Lesehilfe anwenden. Ich kenne bei journalistischen Texten die Begriffe Nachricht, Kommentar, Ressorts und kann die Gattungsmerkmale nennen.
Sprechen & Gespräch	Ich kann mich verständigen. Ich kann andere um Rat fragen und anderen etwas erklären. Ich kann vorlesen und über Gelesenes bzw. Erlebtes berichten.	Ich kann Gesprächsregeln einhalten. Ich kann mich an Diskussionen beteiligen. Dabei kann ich meine Ansichten begründen und verteidigen. Andere Ansichten kann ich verstehen und respektvoll kommentieren.
Schreiben	Ich kann kurze, einfache Notizen & Mitteilungen so schreiben, dass andere dies gut lesen & verstehen können. Ich kann richtig abschreiben. Ich arbeite an der Rechtschreibung. Ich überarbeite meine Texte, erkenne Fehler und nutze Wörterbücher selbstständig. Ich kann schönschreiben (Gedichtemappe ...).	Ich kenne verschiedene Diktatformen und nutze sie zur Übung. Ich kann mein Fremdwörterbuch selbstständig vervollständigen, z. B. durch Fachbegriffe der verschiedenen Fächer erweitern.
Grammatik	Ich kenne die verschiedenen Bauformen: Wortarten, Satzarten, Satzglieder. Ich kenne Hauptsatz, Nebensatz und Merkmale von Satzgefügen. Ich kann Objektsätze und Adverbialsätze erkennen und bilden. Ich kann Aktiv und Passiv sowie die indirekte Rede anwenden.	

Kompetenzraster Deutsch 8 **Stand August 2005**

<table>
<tr>
<td>Ich beschäftige mich mit Lyrik. Ich kenne die Begriffe Vers, Strophe und kann einfache Reimformen von Gedichten nennen. Ich kann eine Gedichte-Mappe vorlegen. Ich beschäftige mich mit Dialekten und niederdeutscher Sprache.</td>
<td>Ich beschäftige mich mit Kurzgeschichten/ Kriminalgeschichten/ Anekdoten, dialogischen Texten von bedeutenden Frauen & Männern.</td>
<td colspan="2">Ich kann mich mit Literatur, Hörspielen oder Filmen auseinandersetzen und mir eine Meinung bilden. Dabei nutze ich auch die Methode des Lesetagebuchs. Ich lese pro Halbjahr mindestens zwei längere Jugendromane.
Ich kann literarische Vorlagen und ihre Verfilmungen vergleichen.
Ich besuche mindestens einmal pro Schuljahr eine Bibliothek.</td>
</tr>
<tr>
<td>Ich vergrößere meinen Wortschatz und achte auf einen angemessenen Stil.
Ich kann Wortfelder zusammenstellen und bei eigenen Texten verwenden.</td>
<td>Ich kann über meine Lernarbeit reflektieren und sprechen. Ich kann Beratungsgespräche dazu führen.</td>
<td>Ich kann
• überzeugen (rechtfertigen, entschuldigen, werben für eigene Anliegen)
• Stellung nehmen
• argumentieren</td>
<td>Ich kann anderen etwas vortragen. Dabei nutze ich Präsentationstechniken (PowerPoint) und achte auf einen logischen Aufbau und erleichtere es somit den Zuhörerinnen, wichtige Punkte zu erkennen und sich diese zu merken.</td>
</tr>
<tr>
<td>Ich kann einfache, zusammenhängende Texte (Sachtexte, Nacherzählungen, kreative Geschichten, Berichte, Beschreibungen) schreiben. Ich kann persönliche Briefe schreiben und darin von Erfahrungen und Eindrücken berichten.</td>
<td>Ich kann über komplexe Sachverhalte schreiben. Ich kann mich schriftlich klar und gut strukturiert ausdrücken. Ich kann in meinen Texten den Stil wählen, der für die jeweiligen Leserinnen angemessen ist.
Ich stelle meine Texte zur Diskussion. Ich kann mit anderen meine Texte überarbeiten.</td>
<td>Ich kann Exzerpte anfertigen.
Ich kann mit Zitaten richtig umgehen und verwende die wörtliche Rede korrekt.
Ich kann Sachverhalte und Geschehnisse zusammenfassen.</td>
<td>Ich kann meine Fähigkeiten in der Textverarbeitung am PC entwickeln. Ich kann Serienbriefe & Flyer entwickeln.
Ich schreibe wöchentlich eigene Texte und sammele diese in „Mein Textbuch“ (jeweils Datum, Erstschrift/Überarbeitung angeben).
Ich kann verschiedene kreative Schreibmethoden anwenden.</td>
</tr>
<tr>
<td colspan="2">Ich wiederhole verschiedene Verbformen (Präsens, Präteritum, Perfekt, Plusquamperfekt, Futur I, Futur II, das Passiv).</td>
<td colspan="2">Ich kann etwas zur Geschichte der Sprache aussagen und ihre heutigen Funktionen zusammentragen.</td>
</tr>
</table>

www.lernwerkstatt-schiller.de

Kompetenzraster Arbeits- und Sozialkompetenz Was ich

Selbststeuerung ... mache ich in eigener Regie, ...	Ich kann einfache Aufgaben übernehmen, wenn sie klar umrissen sind, bin aber auf Anweisungen und Ermahnungen angewiesen. Ich kann Arbeiten, die ich zu erledigen habe, in mein Layout eintragen, wenn es verlangt wird.
Kreativität ... mit Fantasie, ...	Ich kann andere Lösungen finden, wenn mir jemand sagt, wie ich arbeiten soll.
Qualität ... hohem Anspruch, ...	Ich kann für kurze Zeit korrekt und sauber arbeiten, wenn ich immer wieder daran erinnert werde. Es sind aber Kontrollen nötig, damit ich es nicht beim erstbesten Resultat bewenden lasse.
Interaktion ... in konstruktiver Zusammenarbeit ...	Ich kann mich für andere einsetzen, wenn es nötig ist. Dabei kann ich Bedürfnisse anderer und die damit verbundenen Grenzen akzeptieren, wenn mir jemand klar sagt, was ich darf und was nicht.
Engagement und mit Begeisterung, innerer Verpflichtung ...	Ich kann mich zwingen, etwas zu tun oder auswendig zu lernen, wenn eine Konsequenz droht oder eine Belohnung wartet.

mache... **© institut beatenberg/schweiz**

Ich kann die übertragenen Arbeiten planen und einteilen, wenn ich weiß, was von mir erwartet wird, und wenn ich unterstützt werde. Ich kann das Layout so führen, dass ich nichts vergesse. Ich kann im Layout festhalten, wie ich etwas gelernt habe, und merken, was ich wirklich verstanden habe.	Ich kann meine Arbeiten organisieren, sinnvoll einteilen und mich daran halten. Dabei kann ich Schwierigkeiten erkennen und Risiken abwägen. Ich kann erklären, wie ich an Dinge herangehe, und mir bewusst machen, aus welchen Gründen und Absichten ich bestimmte Verhaltensweisen an den Tag lege.	Ich kann selber erkennen, was zu tun ist, und meinen Aktivitäten Sinn verleihen. Dabei kann ich mich in eigener Verantwortung auf komplexe Arbeiten einlassen, sie strukturieren und kompetent zu Ende führen. Ich kann daraus (z.B. mittels Layout) Erkenntnisse über mich und mein Arbeiten gewinnen und diese umsetzen.
Ich kann Alternativen zu meiner Arbeit finden, wenn ich Zeit habe und mir jemand Anregungen gibt. Ich kann Kreativitätsmethoden (Mindmap, Graf-iz) anwenden, wenn mich jemand daran erinnert.	Ich kann Ideen entwickeln, verschiedene Methoden des Arbeitens und Lernens anwenden und Beispiele von anderen in mein Handeln einbeziehen. Ich arbeite kreativ mit Mindmaps, Graf-iz u.Ä. und finde neue Lösungsansätze.	Ich kann aus einem vielfältigen Methoden- und Strategierepertoire schöpfen. Ich kann immer wieder neue Wege finden und Lösungen entwickeln, um effizienter, effektiver und lustvoller zu arbeiten. Ich kann originelle und wirkungsvolle Ideen generieren und sie kreativ in meine alltägliche Arbeit umsetzen.
Ich kann mich in meine Arbeit vertiefen, wenn ich einmal angefangen habe. Ich kann Verbesserungsmöglichkeiten suchen und sie umsetzen, wenn ich dazu angespornt werde. Wenn aber etwas nicht auf Anhieb gelingt, wende ich mich bequemeren Dingen zu.	Ich kann hohe Ansprüche an mich und meine Leistungen stellen und mehr tun, als verlangt wird, und Dinge zu Ende führen, wenn das Thema mich interessiert. Ich kann proaktiv arbeiten und Termine einhalten, auch wenn Hindernisse zu überwinden sind.	Ich kann, was ich anfange, mit hohem Qualitätsanspruch zu Ende führen, mit Dingen sorgfältig umgehen und meinen Arbeitsplatz in tadelloser Ordnung halten. Ich kann mich ins Zeug legen, auch wenn etwas nicht auf Anhieb gelingt. Ich kann mich mit den Ergebnissen auseinandersetzen, um die Qualität (inhaltlich & formal) dauernd zu verbessern.
Ich kann mit anderen, die ich gut kenne, ohne Schwierigkeiten zusammen arbeiten und Gedanken austauschen. Ich halte mich eher zurück, wenn ich nicht sicher bin. Ich kann den Anliegen anderer Rechnung tragen, wenn meine Bedürfnisse auch respektiert werden.	Ich kann mich aktiv am Lerngeschehen beteiligen und mich für gemeinsame Lösungen und positive Entwicklungen einsetzen, wenn ich merke, dass andere mich dabei unterstützen. Ich kann Bedürfnisse anderer respektieren und sorgfältig mit Dingen und Informationen, die mir anvertraut wurden, umgehen.	Ich kann aktiv die Zusammenarbeit mit anderen suchen und mich auch in Führungsrollen nützlich machen. Ich kann mich offen und konstruktiv mit anderen auseinandersetzen. Dabei spielt es keine Rolle, ob es sich um persönliche Belange oder Sachfragen handelt. Ich kann Verantwortung übernehmen, auch wenn es unpopulär ist, so dass sich andere auf mich verlassen können.
Ich kann mich mit Dingen befassen, die mich interessieren. Manchmal kann ich das sogar unabhängig von irgendwelchen Konsequenzen.	Ich kann Freude an meinen Aktivitäten entwickeln, wenn ich mir einen Ruck gebe und mich darauf einlasse. Ich kann in solchen Situationen Spaß an mir und am Lernen entwickeln.	Ich kann immer etwas entdecken, das mich motiviert. So kann ich meine Freude aus den Aktivitäten selbst schöpfen und habe eigentlich nie das Gefühl, unter Druck zu stehen. Im Gegenteil: Leistung beflügelt mich und ich kann diese Lern- und Lebensfreude zum Ausdruck bringen.

(www.institut-beatenberg.ch)

Quellen für die Kompetenzraster auf den vorigen Seiten

Kompetenzraster Mathematik

Das Beispiel (siehe Seite 42 f.) stammt von einer Arbeitsgruppe mit Karsten Patzer aus dem LANDESINSTITUT FÜR LEHRERBILDUNG UND SCHULENTWICKLUNG HAMBURG. Weitere Beispiele finden Sie unter www.sinus-hamburg.de.

Kompetenzraster Englisch

Das Beispiel (siehe Seite 45) hat GABRIELE LINDEMER in der Integrierten Grundschule Hamm/Sieg erarbeitet (www.gesamtschule-hamm.de).

Kompetenzraster Deutsch

Das Beispiel für die 8. Klasse (siehe Seite 46 f.) stammt von SABINE SCHILLER. Sie begann 2003 die Lernphilosophie des Instituts Beatenberg/Schweiz auf ihren Unterricht an einer Hamburger Schule zu übertragen. Mehr zu ihrer Veröffentlichung „Lernwerkstatt. Damit keiner untergeht" und weitere Kompetenzraster zum Downloaden finden Sie unter www.schillerverlag.de.

Kompetenzraster Arbeits- und Sozialkompetenz

Das Beispiel zur Arbeits- und Sozialkompetenz (siehe Seite 48 f.) stammt vom INSTITUT BEATENBERG in der Schweiz. Auf dessen Homepage http://www.institut-beatenberg.ch finden Sie unter dem Stichwort „Materialien" weitere Kompetenzraster zu verschiedenen Fächern.

2.6 Lernlandkarten

Lernlandkarten visualisieren den individuellen Lernprozess eines Schülers. Bewährt haben sich zwei Varianten zur Entwicklung und Gestaltung der Lernlandkarten.

1. **Von Lehrkräften** wird das Curriculum für einen Lernabschnitt in eine anschauliche und optisch ansprechende Form gebracht: Die Ziele sind gesetzt, die Schüler können ihre Annäherung an die Ziele visualisieren (z. B. durch das farbige Markieren eines Balkens) und sie können auf der Basis der Lernlandkarte Schwerpunkte für die individuelle Prozessgestaltung setzen. Diese Form ist den gebräuchlichen Kompetenzrastern nahe. Die Ziele werden aus der formalen Struktur eines Rasters befreit, sind aber weniger differenziert in den einzelnen Stufungen beschrieben.
2. **Der Schüler** erstellt **selber** eine Landkarte; Orientierungshilfe können ein Stadtplan, der Atlas oder ein Bild sein. Sie zeigen dem Schüler und dem Betrachter, welche Sicht der Schüler auf seinen Lernprozess hat und welche Kompetenzen er schon erworben hat (Selbsteinschätzung). So werden dem Schüler seine Lernleistungen bewusst und er kann sein

weiteres Lernen und die damit verbundenen Schritte – auch in anderer Form als bisher – planen. Die Verantwortung für den individuellen Lernweg übernimmt der Schüler – bei Bedarf mit Unterstützung durch den Lehrer.
Lernlandkarten versuchen die Vorstellungen vom Lernen, die das Lernhandeln der Schüler steuern, transparent zu machen.
Wenn Schüler Lernlandkarten selbst erstellen, dann erweitern sich die Optionen. Nicht nur der Stand der Kompetenzentwicklung wird markiert, sondern der bisherige Lernweg und die zukünftigen Schritte werden strukturiert dargestellt.

Auf sinnvolle Gestaltung und Übersichtlichkeit achten

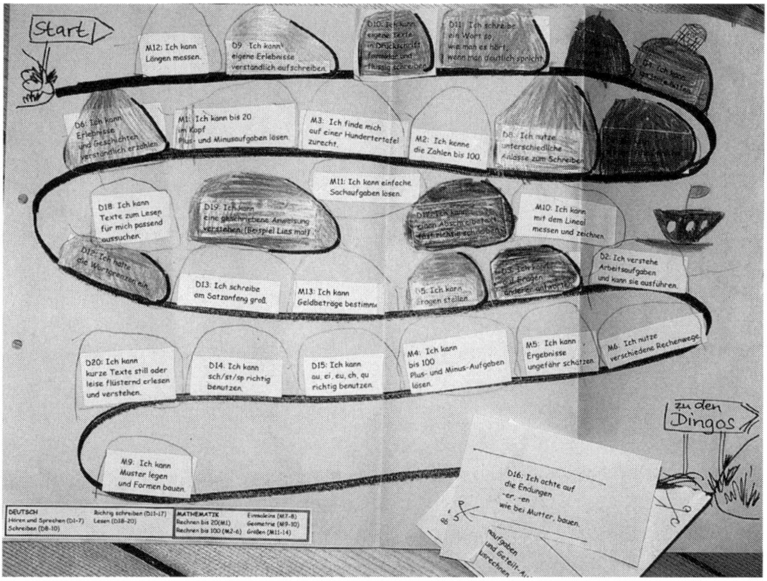

Beispiel für eine Lernlandkarte aus: „Lernchancen“, Nr. 71/2009, S. 12 (Bettina Pake, Wartburgschule Münster)

Wir zeigen auf der Seite 52 ein Beispiel für den Mathematikunterricht der 6. Klasse zum Thema Geometrie. Sie kopieren die Kompetenz-Items für jeden Schüler, der sich die einzelnen Bausteine ausschneidet und auf einem DIN-A3-Blatt anordnet. Die Anleitungen für die Schüler finden Sie auf Seite 53. Sie stammen aus dem Heft „Lernchancen“, Nr. 71/2009, S. 32 vom Friedrich Verlag, Seelze.

Name: Klasse: Datum:

Kompetenz-Items aus dem Mathematikunterricht der 6. Klasse zum Thema Geometrie

Bezeichnungen am Kreis kennen	Mit einem Zirkel Kreise zeichnen
Mithilfe von Kreisen verschiedene Figuren und Muster konstruieren	Verschiedene Arten kennen, einen Winkel zu bezeichnen
Winkelarten kennen	Winkel messen
Winkel mithilfe eines Geodreiecks zeichnen	Punkte in ein Koordinatensystem eintragen
Achsensymmetrische Figuren zeichnen	Eine geometrische Figur an einem Punkt spiegeln
Eine geometrische Figur um einen Punkt mit einem festgelegten Winkel drehen	Symmetrien erkennen: achsen-, punkt- oder drehsymmetrisch

Name: Klasse: Datum:

Anleitung für Lernlandkarten

Ziel:
Finde heraus, wie viel du im vergangenen Lernabschnitt gelernt hast. Dann kannst du erkennen, wo du am besten im nächsten Lernabschnitt weitermachst.

Idee:
Wissen im Kopf kannst du dir so wie Inseln auf einer Landkarte für Seefahrer vorstellen: Auf einigen Inseln kennen sie sich schon gut aus, auf anderen mittelmäßig. Manche Inseln sind vielleicht noch wenig erforscht. Es gibt auch Inseln, die noch gar nicht entdeckt sind. Deshalb sind sie noch nicht auf der Karte eingezeichnet.
Lernen ist wie das Segeln von einem Lerngegenstand zum nächsten: Eine Zeit lang beschäftigt man sich mit einem Gegenstand – einer Insel. Dann segelt man zu einer benachbarten Insel weiter und erforscht sie. Die Reise kann man durch Pfeile auf der Landkarte eintragen.
Jeder Lernende hat seine eigene Landkarte im Kopf. Jede Karte sieht dort verschieden aus, auch die Wege zwischen den Wissensinseln sind unterschiedlich. Daher soll jeder seine eigene Landkarte gestalten. Du kannst dich gern mit anderen beraten. Doch die Landkarte mit seinem Lernweg macht jeder selbst.

Du brauchst:
- Arbeitsblatt mit den Lerngegenständen
- ein DIN-A3-Blatt als Grundlage für die Karte
- Schere und Klebstoff
- Bleistift und Buntstifte (rot, gelb, grün und blau)

So geht es:
1. Schneide die Lerngegenstände aus und verteile sie übersichtlich auf dem Tisch.
2. Ordne die Gegenstände auf dem DIN-A3-Blatt so an, wie sie deiner Meinung nach zusammengehören. Lege verwandte Gegenstände zu einer Insel zusammen. Ähnliche Inseln liegen nah beieinander, verschiedene weit voneinander weg. Ziehe um jede Insel mit Bleistift eine „Küstenlinie", damit man weiß, was zu einer Insel gehört.
3. Wenn einzelne Inseln für dich zusammengehören, fasse sie zu einem „Kontinent" zusammen. Zeichne mit Bleistift die neue Küstenlinie ein.
4. Male deine Landkarte nach folgenden Regeln an:
   - Färbe die Gebiete **grün**, die du schon gut kennst.
   - Schraffiere die Gebiete **gelb**, die du mittelgut kennst.
   - Kreise die Gebiete **rot** ein, die dir noch wenig vertraut sind.
   - Das Meer wird **blau**. Unbekannte Gebiete bleiben **weiß**.
5. Wenn du willst, kannst du deine „Reiseroute" der vergangenen Monate einzeichnen: Bei welchem Lerngegenstand hast du deine Reise begonnen, wie ging es weiter? Denke dabei auch an die Dinge, die du allein oder in Partnerarbeit noch einmal wiederholt hast.

2.7 Themenpläne

Differenzierte Pläne legen für einen **verbindlichen Zeitraum** das zu erledigende **Lernpensum** der einzelnen Schüler fest. Die Inhalte der Pläne stehen in engem Zusammenhang zum Fachunterricht. Aber auch spezielle Begabungen oder Lerndefizite der Schüler werden berücksichtigt. Die Schüler bestimmen selbst die Sozialform, die Methoden und die Reihenfolge der zu bearbeitenden Lernaufgaben. Die gezielt auf den Fachunterricht bezogene Arbeit wird in sogenannten Themenplänen fixiert, die weiter gefassten Arbeitspläne sind fach- und lernzielübergreifend gestaltet.

Zu Beginn der Arbeit wird mit den Schülern ein **Planungsgespräch** geführt. Vor allem ungeübte Schüler, die zum ersten Mal mit Plänen arbeiten, brauchen Hilfestellungen. In dem Gespräch werden die Anforderungen geklärt, Aufgaben abgesprochen, Anregungen zur Bearbeitung gegeben, aber auch persönliche Wünsche, Vorlieben oder Abneigungen festgehalten. Es gibt verschiedene Aufgaben, Forschungsaufträge, Spielanregungen oder Erkundungsgänge zu erledigen. Vor allem bei jüngeren Schülern ist es sinnvoll, methodische Vorgaben zu machen, Sozialformen oder praktikable Vorgehensweisen zu verabreden, um sie langsam an das selbstständige Arbeiten zu gewöhnen. Später können die Pläne zunehmend selbstständig von den Schülern erstellt werden.

Die Pläne berücksichtigen auch das **individuelle Arbeitstempo** der einzelnen Schüler. Durch die Festlegung von **Pflicht- und Wahlaufgaben** sind die Arbeitsbereiche klar eingegrenzt, durch unterschiedliche Schwierigkeitsgrade der Aufgaben sind zusätzliche Wahlmöglichkeiten gegeben. Ziele der Planarbeit sind die eigenständige Aneignung von Sach- und Fachwissen, der Aufbau einer stabilen Arbeitshaltung und die Vermittlung von Lernkompetenz.

Unbedingt nötig: die Präsentation der Arbeitsergebnisse

Alle gestellten Aufgaben sollten eine **Selbstkontrolle** ermöglichen, so hat der Lehrer in seiner Rolle als Beobachter und Berater die Chance, einzelne Schüler individuell zu betreuen. Unbedingt notwendig ist daher die **Präsentation** der Arbeitsergebnisse, da sie die Selbstkontrolle objektiviert und gleichzeitig die Schüler zu fantasievollen Darbietungen anregen kann und so den eigenverantwortlichen Umgang der Schüler mit ihrem Plan stärkt. Da jeder Schüler entsprechend seinen Lernvoraussetzungen qualitativ unterschiedliche Ergebnisse erzielt, kann sich die Auswertung zudem entsprechend interessant und spannend zeigen.

Planarbeit ist eine Form des individualisierenden und materialgestützten Unterrichts, der zeitliche Rahmen ist unter Berücksichtigung der unterschiedlichen Lerntempi der Schüler festgelegt. Planarbeit fördert das selbstverantwortliche Lernen und ermöglicht in zunehmendem Maße routiniertere Selbsteinschätzung und -kontrolle.

Themenpläne sind als Instrumente der Planarbeit eine Vertiefung der Arbeitspläne. Da sie sich im Unterschied zu den Arbeitsplänen nur auf ein Fach beziehen, ermöglichen sie eine intensivere Auseinandersetzung der Schüler mit fachspezifischen Problemstellungen, auch und gerade im Bereich der selbstständigen Transferleistungen. Die Schüler erhalten einen Plan, der einen gesamten Themenbereich oder eine Unterrichtseinheit umfasst. Sie bekommen also zu Beginn ihrer Arbeit einen Überblick über das, was in nächster Zeit auf sie zukommt (in höheren Klassen sollten die Schüler in die gemeinsame Planung und Gestaltung eingebunden werden). Der Einstieg in einen Themenplan erfolgt üblicherweise im Klassenverband – exemplarisch und handlungsorientiert. Jeder Themenplan enthält Pflicht-, Wahl- und Zusatzaufgaben.

Die Aufgaben und ihre Reihung sind so geplant, dass die Schüler sie selbstständig – oder nach einer kurzen Einführung durch den Lehrer – bearbeiten können (selbstorganisiertes Lernen).

Unterschiedliche Lernwege, gleiche Ziele

Die Materialien sollten möglichst viele unterschiedliche Lernwege berücksichtigen. Die Ziele sind für alle gleich – nämlich die vollständige Bearbeitung ihres individuellen Themenplans, die Wege dorthin können aber ganz unterschiedlich aussehen. Dies bedeutet leider eine sehr intensive und exakte **Vorbereitung** durch den Lehrer, denn er muss tatsächlich alle möglichen Lernschritte planen und diese durch Aufgaben und Materialien entsprechend vorstrukturieren.

Voraussetzung für die Arbeit mit dem Themenplan ist, dass die Schüler sich nach Beendigung jeder Aufgabe selbst kontrollieren, da die Kontrolle durch die Gruppe wegfällt. Dadurch lassen sich Fehler viel schneller erkennen und beheben. Die Selbstkontrolle setzt aber auch mehr Eigenverantwortung bei den Schülern voraus.

Jeder erledigte Arbeitsschritt wird von den Schülern durch das Eintragen des Datums in den Plan dokumentiert.

Die Aufgaben werden **qualitativ differenziert** in Grund-, Erweiterungs- und Zusatzaufgaben. Erkennen, Vergleichen und Darstellen sind die Fähigkeiten, die überwiegend den Grundaufgaben zugeordnet werden, in den Erweiterungsaufgaben geht es darum, sich komplexere Aspekte des Themas unter Einbezug der Fachsprache zu erschließen. Zusatzaufgaben erweitern den Themenbereich oder sind für schnelle Arbeiter ergänzende Arbeitsbereiche. Die Aufgaben sind so gefasst, dass neben einem möglichst kleinen Grundaufgabenkatalog ein großer Zusatzbereich angeboten wird, aus dem alle Schüler auswählen können, gerade für die Schwächeren ist das ein Ansporn.

Im Verlauf der Arbeit an den Inhalten des Themenplans bestimmen die Schüler ihr Arbeitstempo und wählen das Anspruchsniveau der zu bearbeitenden Aufgaben. Der Lehrer beobachtet, hilft und fördert einzelne Schüler oder Kleingruppen. In einem Begleitbogen dokumentieren die Schüler, welche Aufgaben sie bearbeitet haben.

Die Überprüfung der bearbeiteten Aufgaben des Themenplans auf ihre Richtigkeit und Sorgfalt erfolgt durch den Lehrer oder je nach Altersstufe selbständig durch die Schüler anhand von Lösungsbögen.

Schwerpunkt der individualisierten Arbeit ist das Arbeiten mit **schriftlichen Anweisungen**. Diese Fähigkeit müssen die Schüler nicht nur in der Schule, sondern auch im täglichen Leben ständig anwenden (etwa bei Gebrauchsanweisungen, Reparaturanleitungen, Spielbeschreibungen usw.). Wer das beherrscht, kann ohne fremde Hilfe mit Büchern und Material umgehen, das macht selbstständig und unabhängig.

Der Themenplan ermöglicht es, dass innerhalb eines Klassenverbandes auf unterschiedlichen Anspruchsniveaus gearbeitet werden kann. Dafür sorgen differenzierte Aufgaben im Rahmen einer Unterrichtseinheit auf mindestens zwei Anspruchsebenen. Die Aufgaben werden so gestellt, dass vielfältige Lernwege angesprochen werden (auch handlungsorientierte Elemente). Gemeinsame Arbeit findet als Partnerarbeit und in Kleingruppen statt. Zusätzlich wird in einzelnen Unterrichtsstunden im Klassenverband exemplarisch an einer Aufgabenstellung gearbeitet.

Hohe innere Differenzierung

Themenplanarbeit fordert und fördert selbstständiges und selbstkontrolliertes Arbeiten bei den Schülerinnen. Durch Themenplanarbeit wird der Grad innerer Differenzierung verstärkt: Der Lehrer hat die Möglichkeit, kleine Schülergruppen mit identischen Problemen oder Fragestellungen zu betreuen. **Leistungsstärkere** Schüler können gezielt gefordert werden, z. B. durch die Bearbeitung von thematisch weiterführenden Zusatzaufgaben, von umfangreicheren Aufgabenkomplexen und von Referaten, in denen Ergebnisse und Erkenntnisse vorgestellt werden. **Leistungsschwächere** Schüler werden gezielt vom Lehrer angesprochen und gefördert.

Schüler, die vorrangig Aufgaben auf dem niederen Niveau bearbeiten, haben jederzeit die Möglichkeit, anspruchsvollere Aufgaben zu lösen, die dem erweiterten Niveau zugeordnet sind, sodass die Durchlässigkeit zwischen den Leistungsbereichen im Klassenverband wesentlich größer ist.

Entsprechend dem jeweiligen Arbeitstempo schreiben die Schüler alleine oder in Gruppen kurze **„Zwischentests“** im Verlauf einer Unterrichtseinheit. Dadurch erhält der Lehrer einen Überblick über den Leistungsstand der Schüler und kann auftretende Lücken gezielt beheben. Jeder Themenplan schließt mit einer **schriftlichen Arbeit** ab, wodurch alle Schüler einer Klasse gemeinsam in einer Prüfungssituation die erworbenen Kenntnisse und Fähigkeiten anwenden müssen.

Die Schüler bearbeiten ein Thema oder eine Unterrichtseinheit innerhalb des Klassenverbands auf unterschiedlichen Anspruchsniveaus, sodass eine äußere Differenzierung nicht notwendig ist. Aufgaben aus dem Themenplan können in einen fächerübergreifenden Arbeitsplan integriert werden, sodass eine weitere Differenzierung stattfindet: Schülerinnen können nach- oder vorarbeiten, zusätzlich üben, anspruchsvollere oder vertiefende Aufgaben gestellt bekommen usw.

Ein Themenplan darf nicht nur aus einer bestimmten Anzahl von Arbeitsblättern bestehen, die von den Schülern „abgearbeitet“ werden müssen. Die Aufgabenstellungen – gleichgültig ob es sich um Grund- oder Erweiterungsaufgaben handelt – sollen darum vielfältige Lernwege ansprechen.

Gemeinsames Lernen findet – wenn überhaupt – im Regelfall in **Kleingruppen** statt. Die Arbeit an einem Problem, zu dessen Lösung jeder Schüler seine Fähigkeiten einbringen kann, kommt selten vor. Darum ist es sinnvoll, in einzelnen Stunden bewusst eine Aufgabenstellung exemplarisch gemeinsam zu bearbeiten.

Arbeitsprozesse dokumentieren

Die Schüler sollten ein **Tagebuch** oder **Logbuch** führen, in dem sie ihre Arbeitserfahrungen reflektieren. Aufgetretene Schwierigkeiten, Ergebnisse der Klassenarbeiten und Lernkontrollen und Verständnisfragen kann der Lehrer hier nachlesen und so den einzelnen Schüler gezielter betreuen und dessen Arbeitsprozess nachvollziehen. Außerdem kann der Inhalt des Logbuches als Grundlage für Elterngespräche dienen.

Als Beispiel finden Sie auf Seite 58 einen Themenplan aus dem naturwissenschaftlichen Unterricht der IGS Wilhelmshaven sowie hilfreiche Anleitungen zur Erstellung eines Themenplans (siehe Seite 59) und zum Umgang mit dem Themenplan für die Hand des Schülers (siehe Seite 60).

Name: Klasse: Datum:

Themenplan Wolf – Mensch – Hund

Jahrgang 5
Anfang: __________

Ende: __________

Zeit: 6 Doppelstunden

Nach dieser Unterrichtseinheit soll ich wissen:
Wölfe sind frühe Nutztiere des Menschen.
Wie wurde der Wolf domestiziert?
Wie sind die Lebensweisen des Wolfes?
Ein Hund ist auch nur ein Wolf. Was heißt das?

	Das ist meine Aufgabe:	Hier klebe ich die Smileys hin, die ich bekomme:	Dieses Material benötige ich:
1.	Ich erfahre etwas über die Lebensweise früher Menschen.		Lehrerin, Ohren und Gehirn
2.	Ich arbeite in einem Expertenteam zu einem Thema. Mein Thema lautet:		Material zu meinem Thema, Faktenkarten
3.	Ich unterrichte meine Gruppe über mein Expertenthema. Ich lerne etwas über das Expertenthema der anderen Gruppenmitglieder.		Faktenkarten, Notizen
4.	Ich beweise, dass ich ganz viel gelernt habe.		Test, Modell, Spiel
5.	Ich domestiziere einen Wolf.		Kopf, Gestaltungsvorlage
6.	Ein Hund ist auch nur ein Wolf. Ich benutze die Grundlagen, die ich über den Wolf gelernt habe, und beurteile: • das Verhalten von Hundehaltern • das Verhalten von Menschen gegenüber Hunden • das Verhalten von Hunden gegenüber Menschen Ich stelle mein Ergebnis aus.		Interview, Bildgeschichten, Zeitungsartikel
Z 7.	Ich entwickle ein Spiel.		Spielvorlage, Kopf, Aufzeichnungen

Klasse: Datum:

Einen Themenplan machen

1. Thema festlegen

2. Ziele festlegen
Was sollen alle hinterher können? (Grundanforderungen)
Was sollen einige können? (Zusatzanforderungen)
Welche Lernkompetenz möchte ich einführen oder pflegen?

3. Materialsuche
Ruhig mehr als nötig! Im Internet suchen, auch auf amerikanischen oder englischen Seiten.

4. Material sichten
Habe ich Materialien für alle Ziele?
Berücksichtigen sie alle Lerntypen?
Können sie in unterschiedlichen Arbeitsformen bearbeitet werden?
Wenn nicht: weitersuchen!

5. Material auswählen
Habe ich jetzt für jeden etwas?
Gibt es auch Material für schnelle Schüler?
Was eignet sich für hochbegabte Kinder?

6. Material in eine Reihenfolge bringen

7. Lösungsbögen oder Musterlösungen entwerfen und überprüfen

8. Themenplan schreiben
Darin muss auch vermerkt sein:
An welchen Stellen möchte ich eine gemeinsame Phase?
An welchen Stellen halte ich einen (zeitlich begrenzten) Lehrervortrag für angemessen?

9. Themenpläne und Materialien kopieren, sortieren und übersichtlich anbieten

10. Mit den Schülern absprechen, wie die individuelle Beratung stattfinden soll

11. Fortschrittsplan mit Schülernamen an der Wand aufhängen

Name: Klasse: Datum:

Anleitung zur Arbeit mit dem Themenplan

Knicke das Arbeitsblatt an der gestrichelten Linie. Lies die Regeln 1 bis 6 genau durch. Wende anschließend das Blatt und überprüfe dein Wissen.

Wie bearbeite ich meinen Themenplan?

1. Ich schaue in meinem Themenplan nach, was ich als Nächstes bearbeiten muss und welche Materialien ich dazu brauche. Ich lege alles zurecht.
2. Ich übertrage die Überschrift oder das Thema in mein Heft.
3. Ich bearbeite die Aufgabe und schreibe alles sorgfältig in mein Heft.
4. Ich kontrolliere sofort mit einem Lösungsblatt.
5. Wenn ich eine falsche Lösung habe, denke ich noch einmal darüber nach und korrigiere meine Lösung. Ich schreibe nicht einfach ab: Dann lerne ich ja nichts.
6. Ich lege das Lösungsblatt zurück.

---

	ja	nein
1. Ich sammle erst einmal das Material für den ganzen Themenplan zusammen. Es könnte ja sein, dass später nicht mehr alles da ist.	F	K
2. Überschriften sind wichtig, damit ich mich in meinem Heft zurechtfinde.	L	A
3. Ich schreibe nur die Lösung in mein Heft. Wie ich die Aufgabe gelöst habe, muss mein Lehrer nicht wissen.	L	A
4. Ich kontrolliere immer sofort die Lösung, damit ich gleich weiß, ob ich es richtig gemacht habe.	S	T
5. Wenn ich eine falsche Lösung habe, streiche ich sie durch und schreibe die richtige daneben.	E	S
6. Ich behalte das Lösungsblatt für meine nächsten Aufgaben.	R	E

Trage hier die Buchstaben ein, die du angekreuzt hast. Wenn du alles richtig gemacht hast, erfährst du, was du bist!

1	2	3	4	5

2.8 Arbeitspläne

Arbeitspläne sind Instrumente zum selbstständigen Lernen, die tages-, wochen- oder monatsweise erstellt und bearbeitet werden. Sie können sich auf ein Fach, eine Unterrichtseinheit oder einen Themenbereich beziehen oder auch verschiedene Fächer oder Fachgebiete berücksichtigen.

Arbeitsplanunterricht ist eine Form des Unterrichts, bei dem Schüler Aufgaben zu einzelnen Fächern oder mit fächerübergreifendem Charakter selbstständig bearbeiten. Sie sind gegliedert in **Pflicht- und Wahlbereich**. Schüler bestimmen die Sozialform, das Lerntempo und die Reihenfolge der Bearbeitung innerhalb eines abgesteckten Zeitrahmens selbst. Der Lehrer stellt die Pläne zusammen (mit zunehmendem Alter wird dies zur Aufgabe der Schüler), beobachtet den Lernprozess, zieht Schlussfolgerungen für die künftige Gestaltung der Pläne, fördert und fordert einzelne Schüler, unterstützt und hilft.

In der Arbeitsplanarbeit findet durch die Aufgabengestaltung eine **starke Individualisierung des Lernprozesses** statt. Schüler werden zum selbstständigen Arbeiten angeleitet und können die dafür erforderlichen Kompetenzen aufbauen.

Die Erstellung (individueller) Arbeitspläne setzt voraus, dass der Lehrer seine Schüler sehr gut kennt bzw. die **Lernvoraussetzungen** der Schüler abgefragt hat oder einordnen kann. Der Lehrer entscheidet (gemeinsam mit dem Schüler), welche Form der Differenzierung für den einzelnen Schüler sinnvoll ist und welche Kompetenzen bzw. welche Fähigkeiten gefördert/gefordert werden sollen.

Der Lehrer wird dabei zum systematischen Beobachter und Berater.

Erfahrungslernen ermöglichen

Arbeitsplanarbeit setzt ein nicht unbeträchtliches Mindestmaß an **innerer Disziplin** bei den Schülern voraus. Nach unseren Erfahrungen gewöhnen sich die Schüler aber relativ schnell an diese Form der Arbeit und merken spätestens nach den ersten fehlgeschlagenen Präsentationen, dass Arbeitsplanarbeit keine Form des schulischen Müßigganges ist. Durch motivierende Lernangebote mit hohem Aufforderungscharakter und durch eine entsprechend mit Materialien und Büchern ausgestattete Lernumgebung lassen sich solche Disziplinprobleme effektiv in den Griff bekommen und die Lernmotivation der Schüler fördern. Insbesondere im Wahlbereich sollten die Aufgaben **anregend** formuliert sein und die Interessen und Lebenswelten der Schüler berücksichtigen, denn sie sollen Erfahrungslernen ermöglichen, sind Mittel für das kognitive Lernen und für praktisches Tun.

Die Fragen auf Seite 62 unterstützen Sie bei der Erstellung eines Arbeitsplans. Die Begriffe dahinter bezeichnen die zuständigen Bereiche.

- Welche Standards stehen im Bildungsplan? **Basis**
- Welche Kompetenzen kann/muss der Schüler erwerben? **Schulcurriculum**
- Welche Lernvoraussetzungen muss der Schüler mitbringen und welche Fähigkeiten und Fertigkeiten sind erforderlich, um erfolgreich lernen zu können? **Diagnose**
- Wie können Arbeitsaufträge formuliert werden, mit denen der Schüler seine Kompetenzen selbstständig entwickeln kann? **Aufgabenkonstruktionen**
- Welche Förder- und Forderaufgaben eignen sich zum selbstständigen Kompetenzerwerb und wie? **individuelle Förderung/Forderung**
- Wie sieht ein möglicher Arbeitsplan für einen begrenzten Zeitraum aus? **differenzierte Arbeitsplanerstellung**
- Wie sieht eine Checkliste aus, die den Lernprozess des Schülers begleitet? **eigenverantwortliche Kompetenzfeststellung**
- Wie lässt sich eine Leistungsfeststellung entwickeln, die die Kompetenzen der Schüler ermittelt? **Leistungs-/Lernstandsrückmeldung**

Gleich mal ausprobieren: einen Arbeitsplan erstellen

Wir haben ein Beispiel aus dem Fachbereich Naturwissenschaften (siehe Seite 63 f.) gewählt, für das Sie mithilfe der aufgelisteten Arbeitsschritte leicht selber einen Arbeitsplan erstellen können. Das Beispiel kann für andere Themen abgewandelt werden.

2.9 Lernlandschaften

Für themenspezifische Kompetenzen

Lernlandschaften orientieren sich nicht an den Kompetenzen für das einzelne Fach, sondern sie benennen die Kompetenzen **themenspezifisch**. Hier wird gefragt: Welche Kompetenzen kann der Schüler bei der Bearbeitung dieses Themas oder dieses Projektes erwerben? Alle Kompetenzbereiche können hier berücksichtigt werden (Fachkompetenz, Lernkompetenz, Sozialkompetenz und Selbstkompetenz) und auf der Lernlandschaft oder auf den entsprechenden Texten und Materialien festgehalten werden.

Lernlandschaften sollen in optisch ansprechender und übersichtlicher Form für alle Schüler **verschiedene Lern- und Arbeitsangebote zu einem Thema** ausbreiten. Die optische Präsentation und klare Struktur erlauben eine rasche und problemlose Orientierung, die Lernlandschaft ist daher eine wichtige Entscheidungshilfe für Schülerinnen und Schüler, um das für sie jeweils interessante Sachgebiet und die ihren Neigungen und Fähigkeiten entsprechende Methode herauszufinden. Zudem können Hinweise zur

▶ S. 65

Klasse: Datum:

Tiere und Pflanzen

Dauer: 1 Woche
Klassenstufe: 5/6

1. Wählen Sie einen oder mehrere Bildungsstandards aus einem Rahmenthema Ihrer Wahl aus:

Der Schüler kann …
… Bedingungen für Keimung experimentell ermitteln.
… Lebewesen beobachten und beschreiben.
… ein Beobachtungsprotokoll führen.
… zwischen Beobachtung und Deutung unterscheiden.

2. Beantworten Sie mit eigenen Worten die Frage: Was kann ein Schüler, wenn er über diese (von Ihnen ausgewählte) Kompetenz verfügt?

Der Schüler kann …
… gemäß einer Anleitung ein Anschlussexperiment zu Keimungsbedingungen planen, durchführen und auswerten.
… ein Phänomen beschreiben.
…

3. Beschreiben Sie nun, über welche Kenntnisse/Fähigkeiten/Fertigkeiten/Haltungen ein Schüler mit Blick auf diese Kompetenz mindestens verfügen sollte. Legen Sie Mindest-, Regel- und Expertenstandards fest.

Mindeststandard
Der Schüler kann …
… gemäß Anleitung ein Experiment durchführen.
… sinnvolle Vermutungen zur Problemfrage formulieren.

Regelstandard
Der Schüler kann …
… anhand eines Phänomens eine Problemfrage formulieren.
… anhand des Versuchsresultats die Vermutungen bestätigen oder verwerfen.
… die Bedingungen von Keimung nennen.
… ein Versuchsprotokoll erstellen.

Expertenstandard
Der Schüler kann …
… ein Ergebnis anhand eines Experiments formulieren.
… ein Anschlussexperiment zu den Bedingungen von Keimung planen, durchführen und auswerten.

Name: Klasse: Datum:

Tiere und Pflanzen

Arbeitsplan
Zeitraum: 1 Woche

	Aufgabe/Thema	Niveau	Sozialform	Material	✓
Pflichtaufgaben	Lies die Geschichte von Bauer Sorglos.				
	Formuliere eine Forschungsfrage zum Problem von Bauer Sorglos. Notiere sie auf deinem Versuchsprotokoll.				
	Stelle Vermutungen an, wie das Problem zu erklären sein könnte.				
	Wähle eine Vermutung aus und entwickle eine Experimentsplanung, um diese Vermutung zu überprüfen.				
	Als Hilfe können die Versuchsanleitungen 1 bis 4 dienen.				
	Führe das Experiment durch.				
	Betreue und beobachte das Experiment täglich.				
	Notiere die Beobachtungen täglich.				
	Formuliere dein Ergebnis. Beziehe dabei deine zuvor gemachten Vermutungen mit ein. Was kannst du Bauer Sorglos raten? Begründe deine Aussage.				
	Finde weitere Keimbedingungen mithilfe des Buches …				
	Formuliere …				
Wahlaufgaben					
Zusatzaufgaben					

Strukturierung und zur Sachlogik grafisch so gestaltet werden, dass die Landschaft den Schülern das Thema schon zum Teil erschließt. Die Lernlandschaften ermöglichen dem Schüler durch die strukturierte bildhafte Darstellung, die Inhalte besser im Langzeitgedächtnis zu speichern. Gleichzeitig sind sie eine gute Methode, um sich komplexe Zusammenhänge zu verdeutlichen, um den Inhalt einer Lektüre wiederzugeben oder um sich auf Prüfungen vorzubereiten.

12 Schritte zur Entwicklung einer Lernlandschaft

1. Thema festlegen
2. Brainstorming (allein, im Team, mit den Schülerinnen und Schülern)
3. Mindmap erstellen
4. Abgleich mit dem Schulcurriculum – Kompetenzen formulieren
5. Lernvoraussetzungen der Schüler berücksichtigen (Pädagogische Diagnostik)
6. Inhaltliche Schwerpunkte setzen (clustern)
7. Materialien und Medien sichten (Einsatzmöglichkeiten)
8. Methoden und Arbeitstechniken klären
9. Grafische Gestaltung und angemessene sprachliche Formulierung der Aufgaben und Arbeitsaufträge überlegen
10. Lernarrangements planen
11. Organisatorische Modalitäten verabreden
12. Zeitlichen Rahmen festlegen

Die Lernlandschaft kann vom Lehrer zu Hause oder in Kooperation mit anderen Kollegen in überlegten Detailschritten kompetenzorientiert aufgebaut und komponiert werden. In höheren Klassen, wenn Schüler bereits in Teilbereichen Sachkompetenz und fachlichen Überblick haben, kann zumindest die Vorstrukturierung der Landschaft gemeinsam erfolgen. Die verschiedenen Sachaspekte, in die der neue Stoff sich gliedern lässt, müssen in Stichworten festgehalten und **optisch ansprechend** und originell auf einem Blatt Papier oder einer **Wandzeitung** fixiert werden. In den unteren Jahrgängen sollte der Lehrer die notwendigen Arbeitsmaterialien für die Untergruppen vor Beginn der Einheit selbst zusammenstellen oder den Schülern gezielte Hinweise zur Materialbeschaffung geben.

Es empfiehlt sich, die Landschaft nicht nur an jeden Schüler zu verteilen, sondern für die Dauer der gesamten Einheit im Klassenraum aufzuhängen, denn sie ist für die Arbeit und auch bei der Präsentation der Arbeitsergebnisse eine ausgezeichnete **Strukturierungshilfe**.

Die Lernlandschaft hält die Schüler zunächst dazu an, das eigene **Vorwissen** zu aktivieren und darüber nachzudenken, welche **Wissenslücken** sie in Bezug auf das neue Thema unbedingt auffüllen wollen und was ihnen besonders wichtig oder interessant erscheint. Die Auswahl eines Unterthemas oder die individuelle Schwerpunktsetzung erfolgt nach Interessen und Neigungen.

Unterschiedliche Lerntypen werden berücksichtigt

Weil alle Schüler zu einer Entscheidung über die Zuordnung von Inhalten und Methoden gelangen müssen und damit selbst für den eigenen Lernprozess verantwortlich sind, werden ihre **Methodenkompetenzen** weiterentwickelt. Durch zusätzliche visuelle und auditive Materialien und Medien können unterschiedliche Lerntypen berücksichtigt, in erheblichem Umfang das individuelle Wissen erweitert und damit Kompetenz gefördert werden. Insbesondere in den letzten Jahrgängen der Sekundarstufe I sollte darauf besonders viel Wert gelegt werden. Durch die Entscheidung für einen oder mehrere Themenschwerpunkte werden den Schülern kleinschrittig **Entscheidungskompetenzen** vermittelt.

Die Methode führt direkt „in medias res", die Schüler sind nicht gezwungen, gleich zu Beginn umfangreiche Texte oder sonstige Materialien durchzuarbeiten, sondern erhalten direkt einen Gesamteindruck davon, was das neue Thema umfasst und welche Ziele am Ende der Einheit stehen könnten.

Die Schüler erweitern und verbessern ihre individuellen Fertigkeiten, sie können durch entsprechende Vorgaben neue Methoden kennen lernen und für den eigenen Gebrauch verändern und nutzen. Die Förderung individueller Kompetenzen steht für den einzelnen Schüler im Vordergrund.

Der Lehrer übernimmt auch hier die Rolle des **Lernberaters**. Er hat zwar mit der Vorbereitung der Landschaft mehr Arbeit als bei herkömmlichen Unterrichtsstunden, und auch die Bereitstellung der Bücher und Arbeitsmaterialien erfordert im Vorfeld mehr Zeit. Es müssen geeignete Bücher ausgewählt und weitere Materialien beschafft, Experten herangezogen oder im Internet recherchiert werden. Die Durchführung der dann folgenden Unterrichtsstunden ist aber sehr entlastend, denn der Lehrer hat Zeit, die Schüler und ihr Verhalten zu beobachten, er kann einzelne fördern und ihnen mit Rat und Tat zur Seite stehen. Wenn nicht alle Schwerpunkte der Landschaft von den Schülern bearbeitet werden, es aber für die Unterrichtseinheit notwendig ist, alle Bereiche zu kennen, sollte der Lehrer die fehlenden Aspekte durch entsprechende Planung ergänzen.

Lernlandschaften sind nur dort einsetzbar, wo das Thema mehrere gleichrangige Aspekte aufweist, die deutlich voneinander unterschieden und parallel bearbeitet werden können. Falls es einige Details gibt, deren Kenntnis Voraussetzung für die Bearbeitung aller anderen Aspekte ist, kann man auf der Landschaft einen Pflichtbereich abgrenzen, den alle bearbeiten müssen, und einen Wahlbereich benennen.

Nicht für jedes Thema einsetzbar

Unser Beispiel auf Seite 68 f. aus einem 10. Jahrgang zeigt eine Lernlandschaft zum Thema „Wirtschaftlicher Wandel".

2.10 Förder-/Forderpläne

Pädagogische Förderung kann nur individuell, also passgenau auf den einzelnen Schüler zugeschnitten sein. Jeder Versuch, eine Lerngruppe quasi „im Gleichschritt" fördern zu wollen, stößt an sehr enge Grenzen. Individuelles Fördern gibt jedem Schüler die Chance, durch geeignete Maßnahmen sein **motorisches, intellektuelles, emotionales und soziales Potenzial** umfassend zu entwickeln.

Pädagogische Förderarbeit ist an fachlich-inhaltliche, fachdidaktische und fachmethodische Sichtweisen und Arbeitsinstrumente gebunden. Sie geht über die „normale" pädagogische Arbeit des Lehrers hinaus, indem sie die fachlichen Aufgaben und Problemstellungen auf die spezifischen Stärken (und Schwächen) des einzelnen zu fördernden Schülers abstimmen muss.

Von daher versteht sich die pädagogische Förderarbeit in erster Linie als **Orientierungshilfe** und Leitfaden für den zu fördernden Schüler: Auf der Basis des jeweiligen Fachs sowie seiner Inhalte und Methoden wird ein konkreter Plan entwickelt, der aus der Fülle der möglichen Handlungsalternativen die für den jeweiligen Schüler optimalen Varianten entwickelt und gleichzeitig das Bedingungsgefüge (Zeit, Ressourcen, vorhandene Medien usw.) für den Erziehenden im Auge behält.

Fragen zur Strukturierung eines Förderplans

1. Wie sieht das Wissen aus, das der Schüler mitbringt?

- Über welche Grundkenntnisse verfügt der Schüler?
- Welche stofflichen Routineverfahren beherrscht der Schüler sicher, welche teilweise, welche gar nicht?
- Welche Fachbegriffe, Vokabeln, Informationen, Kenntnisse struktureller Zusammenhänge müssen dem Schüler bekannt sein, um das angestrebte Förderziel zu erreichen?

► S. 70

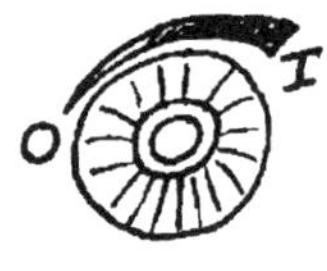

Kompetenzen

Ich kann Internetpräsentationen analysieren und daraus auf besondere Probleme schließen.

Ich kann die Besonderheiten einer Region und ihre jeweiligen Ursachen benennen und analysieren.

Ich kann gezielt Beispiele suchen und deren Aussagekraft erklären.

Ich kenne die grundsätzlichen Möglichkeiten regionaler Wirtschaftsförderung.

Ich kann ein begründetes Urteil über die Wirtschaftsförderung einer Region abgeben.

Ich erkenne die Ursachen und Auswirkungen des Beschäftigungswandels in den drei Wirtschaftsfaktoren.

Ich kann Berufsbiografien exemplarisch deuten.

Ich erkenne die Konsequenzen des Wandels für Ausbildung und Beruf.

Ich kann Konsequenzen für die Schule formulieren.

Ich kann eine konkrete Utopie für Schulbildung und Ausbildung formulieren.

Wir sind der „Nabel der Welt" – Internetpräsentationen von Städten/Regionen

- Nur Augenfutter, oder? – die optische Gestaltung
- Ach, wie gut, dass niemand weiß … – Was wird verschwiegen?
- Wir sind gut aufgestellt! – Welche Stärken werden beschrieben?

Geld aus der Gießkanne – Wirtschaftsförderung in der Region

- Wo sind denn die Werften geblieben? – regionaler Strukturwandel
- Kohle aus Brüssel – der EU-Kohäsionsfond
- Spedition Müller braucht Staatsknete – regionale Fördermaßnahmen

Unser Kaufhaus wird geschlossen – Beispiele für Strukturwandel

- Pleiten, Pech und Pannen in der Region
- Wir brauchen eine attraktive City! – neue Projekte in der Region
- Zoff mit den Nachbarn – Konflikte mit den umliegenden Gemeinden

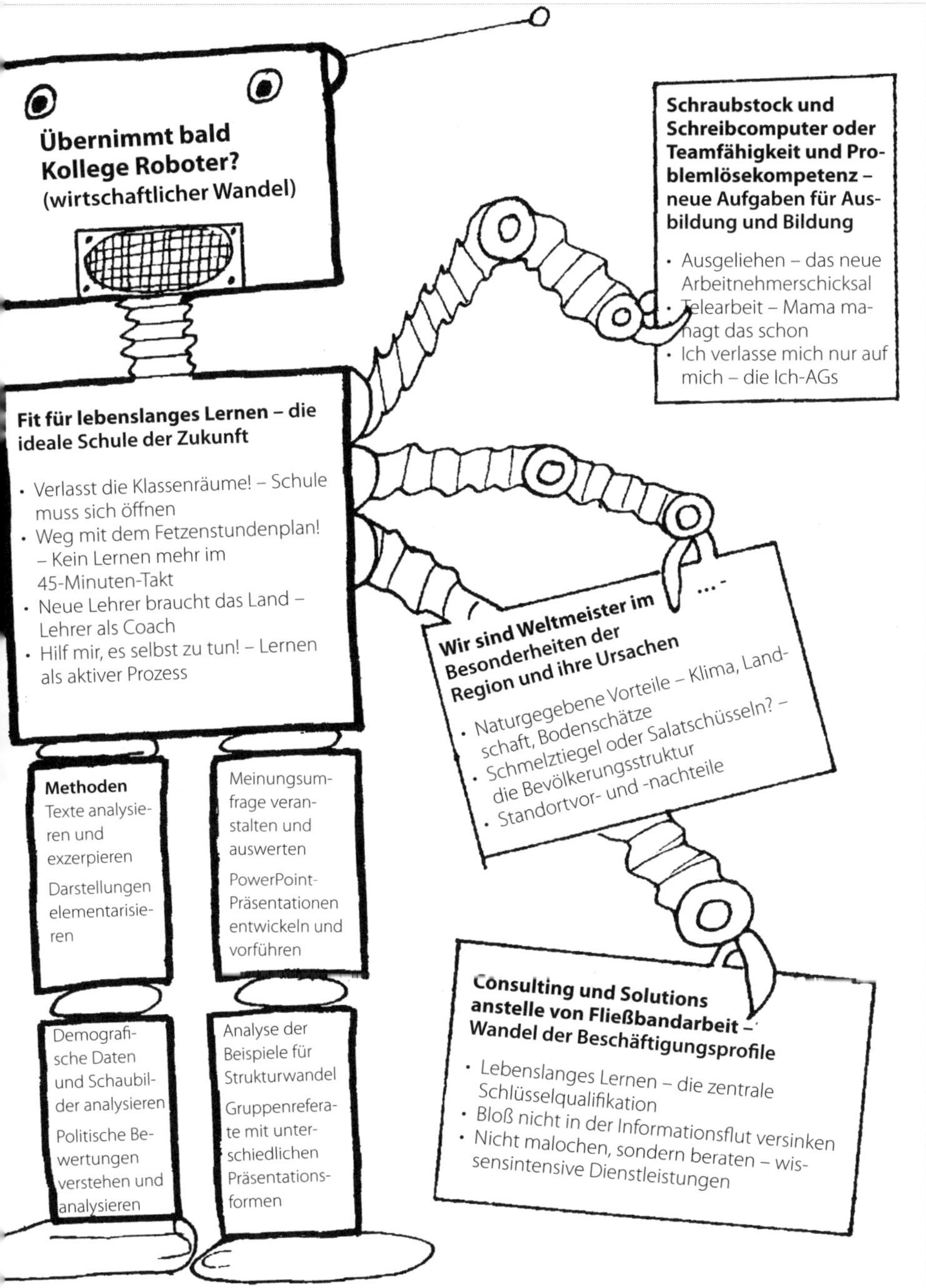
Übernimmt bald Kollege Roboter? (wirtschaftlicher Wandel)
Schraubstock und Schreibcomputer oder Teamfähigkeit und Problemlösekompetenz – neue Aufgaben für Ausbildung und Bildung
• Ausgeliehen – das neue Arbeitnehmerschicksal
• Telearbeit – Mama managt das schon
• Ich verlasse mich nur auf mich – die Ich-AGs
Fit für lebenslanges Lernen – die ideale Schule der Zukunft
• Verlasst die Klassenräume! – Schule muss sich öffnen
• Weg mit dem Fetzenstundenplan! – Kein Lernen mehr im 45-Minuten-Takt
• Neue Lehrer braucht das Land – Lehrer als Coach
• Hilf mir, es selbst zu tun! – Lernen als aktiver Prozess
Wir sind Weltmeister im …– Besonderheiten der Region und ihre Ursachen
• Naturgegebene Vorteile – Klima, Landschaft, Bodenschätze
• Schmelztiegel oder Salatschüsseln? – die Bevölkerungsstruktur
• Standortvor- und -nachteile
Methoden
Texte analysieren und exzerpieren
Darstellungen elementarisieren
Meinungsumfrage veranstalten und auswerten
PowerPoint-Präsentationen entwickeln und vorführen
Demografische Daten und Schaubilder analysieren
Politische Bewertungen verstehen und analysieren
Analyse der Beispiele für Strukturwandel
Gruppenreferate mit unterschiedlichen Präsentationsformen
Consulting und Solutions anstelle von Fließbandarbeit – Wandel der Beschäftigungsprofile
• Lebenslanges Lernen – die zentrale Schlüsselqualifikation
• Bloß nicht in der Informationsflut versinken
• Nicht malochen, sondern beraten – wissensintensive Dienstleistungen

- Von welchem falschen Wissen geht der Schüler aus, wo liegen die Quellen für die Fehler?

2. Wie kann der Förderplan an dieses Wissen anknüpfen?

- Welche alternativen Möglichkeiten fachlicher wie methodischer Art gibt es zur Erarbeitung eines bestimmen Stoffgebiets oder Sachverhalts?
- Welche Möglichkeiten zur Veranschaulichung, Illustrierung und Vertiefung gibt es (Beispiele, Modelle, Experimente, gestalterische und spielerische Verfahren)?

Wer individuell fördern will, muss klären, welche Diagnose- und Förderkompetenzen dafür erforderlich sind und woher sie kommen können, wenn man sie selbst (noch) nicht besitzt. Er muss sich Förderregeln oder -prinzipien erarbeiten und eine diesen Regeln entsprechende „Didaktik der Vielfalt“ (Prengel 1993; Graumann 2002) anstreben.

Zwei Beispiele für einen Förder- bzw. Lernplan finden Sie auf Seite 71 f. Weitere Ausführungen zu Förder- und Forderplänen können Sie im Kapitel 5.2 „Von den Bildungsstandards zum selbstverantwortlichen Lernen“ ab Seite 143 ff. nachlesen.

Forderpläne

Für den Erwerb intelligenten Wissens ist eine möglichst frühe Förderung von **Begabungen** notwendig und entscheidend. Nach unseren Erfahrungen finden an den meisten Schulen beschleunigende Maßnahmen statt: frühzeitige Einschulung oder Überspringen einer oder mehrerer Klassen. Diese Maßnahmen sind aber nur für eine kleine Minderheit von Schülern geeignet und stellen im Übrigen auch keine Förderung im engeren Sinne dar. Die kognitiven, sozialen und emotionalen Kompetenzen sind auch bei besonders Begabten sehr unterschiedlich ausgeprägt.

Wir halten es für notwendig, die individuelle Förderung besonderer Begabungen in den **alltäglichen Unterricht zu integrieren**, denn integrative Förderung ermöglicht den Schülern einen stabilen emotionalen Halt in der Klassengemeinschaft. Im sozialen Miteinander lernen die Schüler ihre Individualität gegenseitig zu akzeptieren und wertzuschätzen. So können ihre Stärken gefördert und für alle positiv genutzt, gleichzeitig aber auch ihre Schwächen und Defizite durch Förderprogramme und individuelle Hilfen ausgeglichen werden. Die Arbeit mit individuellen Lernplänen ist eine Möglichkeit, diesem Anspruch gerecht zu werden. Individualisierender Unterricht ist eine effektive Möglichkeit, Hochbegabte ihrem Niveau entsprechend zu unterrichten.

► S. 73

Individueller Förderplan

Schuljahr: ____________________ Datum: ____________

für ____ Klasse: ____________

Fachlehrer/in: __________________________ Fach: ____________

Stärken in diesem Fach:

____

____

Förderbereiche in diesem Fach:

____

____

Absprachen zwischen Lehrkraft und Schülerin oder Schüler für mindestens ausreichende Leistungen im nächsten Zeugnis:
Welche Unterstützung leiste ich als Lehrkraft?

____

____

Was tue ich als Schülerin oder Schüler?

____

____

Außerschulische Maßnahmen:

____

Der Förderplan gilt für den Zeitraum von ________________ bis ________________

_____________________ _____________________

Unterschrift Lehrer/in Unterschrift Schüler/in

Die Eltern wurden über den Förderplan informiert am ________________

☐ im persönlichen Gespräch ☐ durch Telefonat ☐ schriftlich

Kenntnisnahme der Klassenlehrerin/des Klassenlehrers

Datum: ____________________ Unterschrift: ________________

Lernplan: Vorschläge für außerschulische Maßnahmen

Name: ______________________________

Klasse: ____________ Geburtsdatum: ________

Zeitraum: ____________________________

Maßnahme	Ziel	Verantwortung	Erfolgskontrolle
Besuch und Hilfe durch die Sozialpädagogin der Schule			
Gespräch und Unterstützung durch den Schulpsychologen			
Hilfe und Unterstützung durch die Eltern			
Nachhilfeunterricht			
Betreuung durch das Jugendamt			
Einbeziehung weiterer Bildungseinrichtungen			
Besuch eines Facharztes			
Weitere Unterstützung			

Unterschriften:

Schüler/in:

Lehrer/in:

Eltern:

Wann welchen Lernplan einsetzen?

Zum Schluss der Kapitel über die verschiedenen Lernpläne möchten wir Ihnen noch eine Entscheidungshilfe für den Einsatz der verschiedenen Pläne geben.

Entscheiden Sie bitte auf einer Skala von 1 bis 10, wo sich die Schüler Ihrer Lerngruppe in Bezug auf die unten benannten Kriterien befinden.

- Transparenz und Bewusstheit der Ziele des Unterrichts
- Steuerungskompetenz (selbstverantwortliches, selbstständiges, selbstorganisiertes Lernen)
- Arbeitstechniken und Lernkompetenzen (Niveaustufen: wissen, verstehen, anwenden, analysieren, reflektieren)
- Strategien zur Selbstkontrolle (Kontrolltechniken)
- Fähigkeit zur Nutzung von Kriterien zur Selbsteinschätzung

Nicht zu viele Instrumente einsetzen

Überlegen Sie aufgrund des Ergebnisses, welches Instrument sinnvoll genutzt werden kann. Hier finden Sie noch mal eine Kurzcharakterisierung:

1. In **Kompetenzrastern** können Schüler genau ablesen, was auf jeder Stufe von ihnen verlangt wird. Sie müssen in der Lage sein, selbstständig die entsprechenden Materialien zu bearbeiten und ihre Ergebnisse selber zu kontrollieren. Jeder Schüler arbeitet auf seinem individuellen Niveau, die Ziele sind für alle unterschiedlich.
2. **Lernlandkarten** sind geeignet, Lernerfahrungen in Bildern und Symbolen zum Ausdruck zu bringen, sie damit für Lernberatung offen zu legen und daraus einen Lernweg zu konstruieren. Die Schüler müssen Spaß daran haben, komplexe Vorgänge in Bildern zu verarbeiten, und bereit sein, Verantwortung für die daraus resultierenden Schlussfolgerungen zu übernehmen – gegebenenfalls mit Beratung durch den Lehrer.
3. **Themenpläne** geben einen Überblick über die zu erwartende Arbeit innerhalb eines Themenbereichs. Jeder Themenplan enthält Pflicht-, Wahl- und Zusatzaufgaben, die die Schüler selbstständig und selbstorganisiert bearbeiten können. Die Ziele sind für alle gleich – nämlich die vollständige Bearbeitung ihres individuellen Themenplans. Fähigkeiten zur Selbstkontrolle werden vorausgesetzt.
4. **Arbeitspläne** sind Instrumente zum selbstständigen Lernen mit Pflicht-, Wahl- und Wahl-Pflichtaufgaben. Schüler bestimmen die Sozialform, das Lerntempo und die Reihenfolge der Bearbeitung innerhalb eines abgesteckten Zeitrahmens selbst mit dem Ziel, den Arbeitsplan fristgerecht und vollständig gemäß der Vorgaben abzuarbeiten.

5. **Lernlandschaften** können offener gestaltet werden als Themenpläne oder Arbeitspläne. Sie bieten durch die Visualisierung der Struktur eine rasche Orientierung und Entscheidungshilfe für die Schüler zur Bearbeitung – lassen aber gleichzeitig viel Spielraum für individuelle Schwerpunktsetzungen und Ideen. Grundlage ist die Orientierung an Bildern und die Lust an kreativer Gestaltung eigener Lernzusammenhänge.
6. **Förder- und Forderpläne** sind auf die spezifischen Stärken (und Schwächen) des jeweiligen Schülers abgestimmt. Aus einer Fülle möglicher Handlungsalternativen werden die für den jeweiligen Schüler optimalen Varianten entwickelt und in einem konkreten Plan mit klaren Zielen, Kontrollmöglichkeiten und einem Zeitraster festgehalten. Das Arbeiten nach Anleitung und entsprechende Arbeitstechniken bilden hier die Grundlage. Diese Form der Anleitung ist für viele hochbegabte Schüler hilfreich, weil sie bei aller hohen Begabung häufig nicht in der Lage sind, ihren eigenen Arbeits- und Lernprozess zu planen und zu organisieren.

2.11 Orientierungshilfen für Lehrer und Schüler

Individualisierung wird häufig (und in diesem Buch auch von uns) eng mit Lernumgebungen verknüpft, die einem konstruktivistischen Konzept von Lernen verpflichtet sind, d. h., die Schüler konstruieren ihr Wissen selbst, erproben und wenden es aktiv an. Der Lernweg ist das Entscheidende, weniger das Lernergebnis. Wir haben bereits deutlich gemacht, dass dennoch kognitive Prozesse nicht unterschätzt werden dürfen, und ebenso, dass Schülerzuwendung und individuelles Lernen auch in vom Lehrer eng gesteuerten Unterricht gelingen kann.

Risiken der offenen Lernarrangements

Dass in den offenen Lernarrangements auch ein **Risiko** liegt, soll hier nicht verschwiegen werden. „Manche Untersuchungen belegen sogar Leistungsverschlechterungen, wenn zuvor nach konstruktivistischen Prinzipien gelernt wurde. Besonders Schüler mit ungünstigen Lernvoraussetzungen benötigen offenbar ein deutlich stärkeres Ausmaß an Anleitung, Unterstützung und Strukturierung, als es die konstruktivistischen Ansätze zur Verfügung stellen." (Helmke 2009, 70)

Struktur in Lernsituationen

Wie kann man den Schülern helfen, eine Struktur zu finden, an der entlang sie arbeiten können? Ein zentrales Merkmal in den beschriebenen Arrangements ist, dass Freiräume für die gezielte Unterstützung durch die Lehrkräfte geschaffen werden. Hier kann jeder Schüler die von ihm benötigte, unterschiedlich differenzierte Anleitung und Unterstützung bekommen. Eine offene vertrauensvolle Atmosphäre erleichtert den Schülern, Unklarheiten und Fragen zu äußern und sich aktiv um Lehrerhilfe zu bemühen. Dies darf nicht als Versagen oder schlechte Leistung gelten, sondern gehört selbstverständlich zu den offenen Lernarrangements.

Stets gefordert: Klarheit der Anweisungen

Welche Elemente geben darüber hinaus in einem weitgehend selbst gesteuerten Lernprozess Struktur? Woran können sich die Schüler orientieren?

Als Erstes fallen einem aus der eigenen Schülerzeit vermutlich die **Aufgaben** ein. In der heutigen Schulentwicklung hat sich ein Wandel vollzogen, der nahelegt, von den Ergebnissen bzw. den Zielen her zu denken und zu planen. „Woher kommen die Ziele? Zum einen aus den Richtlinien, Kernlehrplänen und Bildungsstandard-Katalogen, zum Zweiten aus den Fachdidaktiken; drittens aus den Lehrerhandbüchern; viertens aus Ihrer eigenen didaktisch-methodischen Fantasie. Sie können – fünftens – die Ziele auch gemeinsam mit den Schülern erarbeiten. Das ist anspruchsvoll, aber sinnvoll, um das selbst regulierte Lernen zu fördern." (MEYER 2007, 194)

Von den Zielen her zu denken, hat sich bewährt. Es beantwortet die Frage nach dem „Wozu?". Aber wer planvoll arbeiten will, muss wissen, von wo er sich einem Ziel nähern kann. Meist kann man für eine Lerngruppe – in einer gewissen Bandbreite – vorhersagen, welche Wege beschritten werden. Trotzdem müssen diese für jede neue Arbeitsphase von der Lehrkraft konkretisiert werden. Dabei helfen folgende Fragen:

- Wie kann das Lernen in der aktuellen Situation initiiert werden?
- Wie beteiligt man Schülerinnen und Schüler daran, aus Situationen oder Problemen Aufgaben zu erschließen, deren Bewältigung sie Kompetenzzielen näher bringt?

Aufgabengestaltung als Herausforderung

Im Lernbüro sind die Ziele in den Kompetenzrastern oder Lernlandkarten beschrieben, die Ausgangslage ist durch den Eingangstest erfasst. Die Aufgaben ebnen den jeweils individuellen Lernweg und wirken im Lernbüro tatsächlich wie die „Katalysatoren von Lernprozessen" (THONHAUSER 2008, 15). Darum ist die Erarbeitung der Aufgaben eine wichtige Herausforderung für die Lehrer, sie brauchen eine sorgfältige und überlegte Ausarbeitung, wenn die gewünschten Lernprozesse in Gang kommen sollen.

Die **Aufgabenanalyse** hat die Funktion, die Faktoren zu verknüpfen und zu sichern, sodass das *Lernen* im Zentrum steht und nicht das *Lehren*.

Hilbert Meyer hat dazu eine praktische Hilfe konstruiert, nämlich eine „Checkliste für die Aufgabenanalyse":

„1. Ausformulierung der Aufgabenstellung: Wie lautet die dem Schüler gestellte Aufgabe konkret?
2. Analyse der Sachstruktur: Wie ist die zu lösende Aufgabe strukturiert?
3. Bestimmung der Arbeitsschritte: Welche Arbeitsschritte müssen die Schüler tun, um die Aufgabe zu lösen?
4. Hilfen: Welche Infos und Materialien benötigen die Schüler, um die Aufgabenstellung verstehen und bewältigen zu können?
5. Kontrollen: Woran können die Schüler erkennen, dass sie die Aufgabe angemessen gelöst haben? Woran überprüft die Lehrkraft die Zielerreichung?
6. Persönlichkeitsbildung: Kann die gestellte Aufgabe den Schülerinnen und Schülern helfen, Selbstvertrauen aufzubauen und Kompetenz- oder Solidaritätserfahrungen zu machen?" (Meyer 2007, 186)

Der letzte Aspekt in der Checkliste ist ein wichtiges Gütekriterium für Aufgaben, die zum Lernen motivieren, indem sie **Kompetenzerleben** ermöglichen denn individuelle Förderung und Forderung wird von den Stärken der Schüler ausgehend gestaltet.

Alltagserfahrungen einbeziehen

Die außerschulischen und schulischen Alltagserfahrungen der Schüler, die sie bei allen Aktivitäten und Anforderungen aktivieren müssen, bilden die Grundlage für die Aufgabengestaltung. Durch gezielte pädagogische Diagnosen vorhandener Kompetenzen versuchen wir das Vorverständnis der Schüler durch Aufforderungen in den Aufgabenstellungen zu erfassen. Das gelingt am besten dadurch, dass die Schüler aufgefordert werden,

- ihre Vorgehensweisen so präzise wie möglich zu beschreiben,
- ihre Strategien und Entscheidungen zu begründen,
- auftretende Probleme zu analysieren und zur Strategieveränderung zu nutzen,
- Fehlersuche als Hilfe zur Problemlösung zu begreifen,
- Einschätzungen zu geben und zu hinterfragen,
- verständliche und nachvollziehbare Begründungen zu formulieren.

Aufgeschlüsselte und in Teilbereiche zerlegte Aufgabenkonstruktionen bilden die Grundlagen zur Beurteilung des Schülerverhaltens.

Aufgabentypen

Über die Vielfalt an Aufgabentypen, die wir in unserem Unterricht einsetzen, ließe sich ein eigenes Buch schreiben. Wir stellen Ihnen hier die für uns wichtigsten praxisnahen Aufgaben vor, die sich besonders für einen individualisierenden Unterricht eignen, der erfolgreich Kompetenzen vermittelt.

Freie Aufgaben

Um einen Gegenstand bzw. ein Thema forschend zu erarbeiten, entwickeln die Schüler selbst ihre Aufgaben dazu. Diese Form der Aufgabengestaltung beinhaltet für uns das **höchste Anspruchsniveau**, denn die Schüler müssen im Laufe ihrer Schulzeit bereits gelernt haben, wie sie Aufgaben formulieren und welche Fragen sie stellen müssen und wie sie ein Thema durch Aufgaben zu unterschiedlichen Aspekten oder Schwerpunkten strukturieren können. Zudem müssen sie in der Lage sein, ihre Interessen am Thema zu verbalisieren und weitere Aspekte zu erkennen.

Offene Aufgaben

Es gibt verschiedene Techniken, um Aufgaben zu „öffnen", damit unterschiedliche Lernstrategien und Lernwege, aber auch die vielfältigen Interessen der Schüler angesprochen werden. So wird bei gleicher Zielformulierung auf unterschiedlichen Ebenen gearbeitet, nämlich durch:

- unterschiedliche methodische Vorgehensweisen
- verschieden anspruchsvolle Sprachniveaus
- variable Ausgangssituationen und Anknüpfungspunkte
- geringe bis dichte Informationsfülle
- gestuftes Training durch Perspektivenumkehr
- alternative Beispiele und Anwendungszusammenhänge
- Komplexitätsreduzierung durch Modellbildung
- Flexibilität in den Darstellungen und Präsentationen

Offene Aufgaben lassen unterschiedliche Lösungswege und unterschiedliche Ergebnisse zu. Die Schüler bearbeiten sie individuell, insbesondere wenn kein Lösungsweg oder andere Vorgehensweisen durch den Unterricht initiiert wurden. Die Aufforderung an die Schüler, ihre Strategien verbal zu begründen, schult wichtige Sprachkompetenzen.

Bei besonders schwierigen oder komplexen Aufgaben kann ein – kleinerer oder größerer – Teil der Lösung vorgegeben werden, indem z. B. Lösungsstrategien angedeutet, Regeln und Gesetze angegeben, Lösungsüberprüfungen angeboten werden usw. Es handelt sich dann um halboffene Aufgaben.

Schwierig ist die Öffnung von Aufgaben im Bereich Reproduktion. Aufgabenformulierungen wie „Wiedergeben, Zusammenfassen, Benennen, Bezeichnen oder Beschreiben“ lassen eine Öffnung kaum zu und gehören zum Typus geschlossene Aufgaben.

Differenzierende Aufgaben

Jeder Schüler sollte bei der Bearbeitung einer Aufgabe die Chance haben, sie auf dem ihm eigenen Niveau zu bearbeiten (individueller Lernerfolg und Kompetenzerwerb). Zur Differenzierung der Aufgaben bieten sich folgende Möglichkeiten an:

Leistungsdifferenzierung: Aufgaben mit gestuften Anforderungsniveaus

Interessen- und Wahldifferenzierung: Aufgaben mit unterschiedlicher Komplexität und Informationsfülle sowie unterschiedlichen Abstraktionsniveaus

Selbstdifferenzierung: Aufgaben mit verschiedenen Methoden, Lösungswegen, Intentionen

Authentische Aufgaben

In der Didaktik versteht man darunter, dass die Arbeitsmaterialien, die im Unterricht eingesetzt werden, nicht ausschließlich für den Unterricht entworfen oder verändert wurden, sondern der realen schulischen oder außerschulischen Lebenswelt entnommen oder zumindest sehr lebensecht nachempfunden sind. Hinter dem Prinzip der authentischen Aufgabe steht die Idee, dass Schule sich dem „normalen“ Leben öffnen sollte und Lernen nicht in einem pädagogisch abgeschirmten Raum stattfindet. Der starke **Realitätsbezug** motiviert die Schüler, sich stärker auf den thematischen Inhalt einzulassen, da sie erfahren, dass das Problem, mit dem sie sich gerade beschäftigen, sie auch später im Leben nach der Schule tangieren wird. Das ermutigt sie, die Thematik zu ihrer „eigenen Angelegenheit“ zu machen und sich gleichzeitig aktiv an der Entwicklung von Fragestellungen und Aufgaben zu beteiligen.

Gleich mal ausprobieren: Aufgabenkonstruktion

Gute Erfahrungen haben wir mit folgendem Bogen zur Aufgabenkonstruktion gemacht. Das Beispiel hier bezieht sich auf offene Aufgaben und stellt damit nur *eine* Möglichkeit dar. Sie können gleiche Bögen zu anderen Auf-

► S. 80

Aufgabenkonstruktionen zum Thema:

____

Fach/Fachbereich: ______________________________

Jahrgang: ________

offene Aufgabe	halboffene Aufgabe	geschlossene Aufgabe	Förder-aufgabe	Forder-aufgabe

gabentypen entwickeln und entsprechend einsetzen. Sie können mehr Spalten anfügen, wenn Sie für jede Art mehrere Aufgaben eintragen möchten.

Förderaufgaben sind zur Wiederholung fehlender Kompetenzen geeignet und helfen dem Schüler, eine der anderen Aufgabentypen zu bearbeiten.

Forderaufgaben gehen über das geforderte Maß hinaus und bieten vielfältige Anregungen zur Eigenbearbeitung und -entwicklung.

Aus dem Deutschunterricht stellen wir Ihnen hier ein Beispiel vor. Es geht um eine szenische Darstellung auf der Textgrundlage „Skorpion“ von Christa Reinig.

Beispiel aus dem Deutschunterricht

Skorpion

Er war sanftmütig und freundlich. Seine Augen standen dicht beieinander. Das bedeutete Hinterlist. Seine Brauen stießen über der Nase zusammen. Das bedeutete Jähzorn. Seine Nase war lang und spitz. Das bedeutete unstillbare Neugier. Seine Ohrläppchen waren angewachsen. Das bedeutete Hang zum Verbrechertum. Warum gehst du nicht unter die Leute?, fragte man ihn. Er besah sich im Spiegel und bemerkte einen grausamen Zug um seinen Mund. Ich bin kein guter Mensch, sagte er. Er verbohrte sich in seine Bücher. Als er sie alle ausgelesen hatte, musste er unter die Leute, sich ein neues Buch kaufen gehn. Hoffentlich gibt es kein Unheil, dachte er und ging unter die Leute. Eine Frau sprach ihn an und bat ihn, ihr einen Geldschein zu wechseln. Da sie sehr kurzsichtig war, musste sie mehrmals hin- und zurücktauschen. Der Skorpion dachte an seine Augen, die dicht beieinander standen, und verzichtete darauf, sein Geld hinterlistig zu verdoppeln. In der Straßenbahn trat ihm ein Fremder auf die Füße und beschimpfte ihn in einer fremden Sprache. Der Skorpion dachte an seine zusammengewachsenen Augenbrauen und ließ das Geschimpfe, das er nicht verstand, als Bitte um Entschuldigung gelten. Er stieg aus und vor ihm lag eine Brieftasche auf der Straße. Der Skorpion dachte an seine Nase und bückte sich nicht und drehte sich auch nicht um. In der Buchhandlung fand er ein Buch, das hätte er gern gehabt. Aber es war zu teuer. Es hätte gut in seine Manteltasche gepasst. Der Skorpion dachte an seine Ohrläppchen und stellte das Buch ins Regal zurück. Er nahm ein anderes. Als er es bezahlen wollte, klagte ein Bücherfreund: Das ist das Buch, das ich seit Jahren suche. Jetzt kauft‘s mir ein anderer weg. Der Skorpion dachte an den grausamen Zug um seinen Mund und sagte: Nehmen Sie das Buch. Ich trete zurück.

Der Bücherfreund weinte fast. Er presste das Buch mit beiden Händen an sein Herz und ging davon. Das war ein guter Kunde, sagte der Buchhändler, aber für Sie ist auch noch was da. Er zog aus dem Regal das Buch, das der Skorpion so gern gehabt hätte. Der Skorpion winkte ab: Das kann ich mir nicht leisten. – Doch, Sie können, sagte der Buchhändler, eine Liebe ist der anderen wert. Machen Sie den Preis. Der Skorpion weinte fast. Er presste das Buch mit beiden Händen fest an sein Herz und, da er nichts mehr frei hatte, reichte er dem Buchhändler zum Abschied seinen Stachel. Der Buchhändler drückte den Stachel und fiel tot um.

(Aus: Orion trat aus dem Haus. © Verlag Eremiten-Presse 1968)

Arbeitsaufträge mit darstellerischer Orientierung

A Pantomime

1. Stellt pantomimisch dar, wie ihr euch einen Besuch in einer Buchhandlung vorstellt oder wie ihr glaubt, dass andere ihn erleben.
2. Stellt pantomimisch die äußere Handlung des Textes dar.
3. Lasst die Mimik zunächst losgelöst vom Primärtext sprechen. Verfasst entweder aus der Perspektive z. B. der Augenbrauen, aus der Perspektive der dazugehörigen Person oder aus der Perspektive eines anderen Menschen, der diese Mimik in ihren unterschiedlichen Bewegungen beobachtet, passende erlebnisbezogene Kommentare. Kombiniert in eurem Vortrag vor der Klasse Mimik und selbstverfassten Kommentar.

B Standbild

4. Kreiert ein Standbild, das eine Situation des Textes treffend wiedergibt.
5. Einführung von „Hilfs-Ichs“: Die Zuschauer können sich hinter oder neben einen der Standbildbauer stellen, der Person die Hand auf die Schulter legen und formulieren, was diese gerade denken oder wie sie sich fühlen könnte.
6. Kreiert ein oder mehrere Standbilder auf einer eher symbolischen Ebene, die die innere Befindlichkeit des „Skorpions“ außerhalb der Handlung veranschaulicht.

C Szenische Interpretation

7. Achtet auf Stellen des Textes, in denen der Protagonist unter Be- oder unter Nichtbeachtung seiner vermeintlichen Charakterzüge die Situati-

on durch alternative Handlungsmuster aufbrechen könnte. Stellt eine solche Verfremdung des Textes szenisch dar.

8. Spielt eine Szene mit dem „Skorpion“ in der Hauptrolle, in der das Zusammentreffen mit Freunden oder Arbeitskollegen interpretiert wird.
9. Spielt eine Szene, in der der Protagonist mit sich alleine ist und ein Selbstgespräch führt.

D Texttheater

10. Glättet die inhaltlichen Brüche im Textverlauf. Sucht Sätze, die scheinbar nicht zusammenpassen, und fügt als personaler Erzähler Erläuterungen ein, sodass die Motivation der Gedankensprünge deutlich wird. Tragt den Text mit verschiedenen Rollen vor.
11. Der „Skorpion“ sitzt in der Mitte. Um ihn herum stehen diejenigen Personen, die sein soziales Umfeld ausmachen. Er muss – oder darf – sich deren Kommentare, Einschätzungen, Fragen und Äußerungen zu seiner Person anhören, ohne verbal zu reagieren.
12. Der Protagonist versucht, Außen- und Innensicht seiner Persönlichkeit in Einklang zu bringen. Stellt auf dieser Basis eine Kommunikation zwischen ihm und den Menschen seines sozialen Umfelds dar.

Situationen als Lernausgangspunkte

Situationen, wie wir sie uns als Ausgangspunkte für das Lernen vorstellen, sind offener als Aufgaben und komplexer. Um die Schüler hier zu aktivem Tun mit dem Ziel des Lernens zu motivieren, muss das fachliche oder persönliche Interesse stärker angesprochen oder in **Interaktionen** entwickelt werden. „Wer für sich eine Situation als Aufgabe interpretiert, hat ein Ziel vor Augen, d. h. eine Vorstellung davon, wie eine gültige Aufgabenlösung am Ende aussehen könnte; er hat ferner eine Idee, wie er die Aufgabe angehen könnte, und die nötige Portion Zuversicht, dass ihm die Lösung gelingen wird. Wenn diese Bedingungen nicht gegeben sind, suchen Lernende entweder Unterstützung durch ein Lehrsystem – oder sie trachten danach, die Aufgabensituation zu vermeiden.“ (Thonhauser 2008, 16)

Oft mehr Lehrerlenkung nötig

Situationen sind für uns wichtige Ausgangspunkte für das Lernen und Arbeiten in den Workshops. Die Frage für die Gestaltung in diesem Lernarrangement lautet: Wie kann man die materiellen und sozialen Rahmenbedingungen so gestalten, dass die Situationen mit Handlungsaufforderungen oder Aufgaben verbunden werden, die in die Richtung des intendierten Lernens zielen? Im Idealfall sind sich die Schüler bewusst, dass hier im Kontext des Unterrichts allgemein agiert wird und es um zentrale Fragen des

Fachs im Rahmen des gewählten Themas gehen soll. Sie gelangen so in ihrer Rolle als Lernende ohne Unterstützung durch den Lehrer zu der Aufgabe.

Eher wird es aber so sein, dass **Impulse** nötig sind, z. B. in Form von klug formulierten Fragen. Diese muss nicht unbedingt nur der Lehrer stellen, aber in den meisten Fällen müssen sie hervorgelockt oder herausgefordert werden. Das kann z. B. geschehen, indem man verschiedene Perspektiven beschreibt, aus denen eine Situation betrachtet wird, oder dazu motiviert, sich mit einer Situation forschend oder analytisch auseinanderzusetzen.

Probleme als Orientierungspunkte

Probleme bilden zentrale Orientierungspunkte in der Projektarbeit. Denn sie lösen Denken und Handeln und damit auch das Lernen aus und erfordern eine Planung, sich zielgerichtet mit einer Sache auseinanderzusetzen. Indem ein **gemeinsamer Plan** entwickelt und festgehalten wird, können sich die Schüler leicht am Fortgang des Unterrichts orientieren. Selbst wenn Sackgassen und Rückkoppelungen passieren, fängt ein gelungener Plan dies auf. Die regelmäßige Überprüfung der Lernergebnisse, die Reflexion über bisherige Handlungen und eine Angleichung der weiteren Schritte schulen wichtige Kompetenzen und bieten einen sicheren Rahmen.

Das erste Ziel eines derart aufgebauten Lernvorganges ist es, Handlungskompetenz zu erwerben. Es wird erweitert durch ein zweites Ziel, nämlich durch Handlungsprozesse kognitive Landkarten aufzubauen. Im Projekt oder, allgemeiner, im lösungsorientierten Umgang mit einem Problem wird das Sachwissen handelnd erworben. Es ist damit schon für das Handeln organisiert, für die Handlungskompetenz eine wichtige Basis. So schließt sich der Kreis: schulisches Lernen, das in konkreten Handlungszusammenhängen erworben wurde und gleichzeitig zum Handeln befähigt, ein Wissen, das nicht träge ist, sondern auf außerschulische Kontexte bezogen ist, also den Zusammenhang von Denken, Handeln, Lernen und Wissen wahrt.

Konzept „Problemorientiertes Lernen" (POL)

Dass Probleme aus der Praxis als Ausgangspunkt für selbstgesteuertes Lernen attraktiv sind, hat das Konzept des „Problemorientierten Lernens" in der praktischen Umsetzung nachgewiesen. Es wird besonders in der Ausbildung zu pflegerischen, therapeutischen und medizinischen Berufen eingesetzt. Das Verfahren ist streng reguliert. Ausgangspunkt in einer Lernphase stellt in der Regel eine schriftlich vorliegende Problemstellung dar. Sie ist in den meisten Fällen authentisch (siehe authentische Aufgaben). Daran schließen sich sieben fest definierte Schritte an, die sogenannte

7-Sprung-Methode:
1. Klären unbekannter Begriffe
2. Themenfindung oder Problemdefinition
3. Problemanalyse: Brainstorming zur Hypothesenbildung
4. Systematische Ordnung und Bewertung der Hypothesen
5. Lernfragen- und Lernzielformulierung
6. Recherche („Lernzeit")
7. Austausch von Informationen und Synthese

Viel Potenzial für verschiedene Einsätze

Unsere bisherigen Erfahrungen zeigen, dass dieses Konzept auch Anregungspotenzial enthält für die Gestaltung von Lernarrangements in allgemeinbildenden Schulen, die sich an Problemen orientieren, aber nicht in der Projektmethode arbeiten wollen. Sie lassen sich in folgenden Aussagen zusammenfassen:

- Der Einsatz der Methode ist abgrenzbar. Sie eignet sich nicht zu Vermittlung von Basiswissen. Voraussetzung sind Fähigkeiten zum eigenverantwortlichen und kooperativen Lernen. Dies wird aber gerade dadurch auch als Kompetenz erfahrbar gemacht, wenn die Problemlösung als Gemeinschaftsleistung gelingt.
- Die der Wirklichkeit entnommenen und auf die eigene zukünftige Praxis hinweisenden Probleme reizen zur Analyse und Lösung. Die Motivation zur Bearbeitung wird durch die konstruktivistisch gestaltete Lernumgebung gestützt.
- Die Instruktion durch die Lehrkräfte wird abgerufen, von der Problemgabe abgesehen, also aus der Lernersicht bestimmt. Sie kann sich auf Anleitungen zu Verfahren oder Methoden beziehen, Modell-Lösungen anbieten oder Strukturierungshilfen etwa in Form des Mindmappings geben.
- Die Dokumentation des Prozesses z. B. durch ein Lernjournal schafft die Voraussetzung, das Lernen aus der Reflexion des konkreten eigenen Lernwegs heraus zu lernen.

Der Lernprozess: Schüler entwickeln Lernkompetenzen

3

Effektiv und selbstverantwortlich können Schüler nur dann lernen, wenn sie über angemessene Lern- und Arbeitskompetenzen verfügen. Dazu gehören:

- Strategien zum effektiven Lernen,
- Strategien zur Organisation und Reflexion der Lern- und Arbeitsprozesse,
- Strategien zur Informationsbeschaffung, Aufbereitung und Präsentation sowie
- soziale und kommunikative Kompetenzen, um mit anderen gemeinsam arbeiten und lernen zu können.

Das routinierte **Herausbilden und Beherrschen unterschiedlicher Lernkompetenzen** ist die grundlegende Voraussetzung für individualisiertes Lernen. Wie können Schüler sie im Unterricht entwickeln?

Wichtig ist, dass in der Schule ganz unterschiedliche Aufgaben und Problemstellungen in vielfältigen Situationen im Fachunterricht, in Projekten und in Werkstätten angeboten werden, damit die Schüler viele verschiedene, angemessene Techniken und effektive Strategien kennen lernen und anwenden. Jede Schule entwickelt ihr spezifisches Curriculum „Lernkompetenz" – sie orientiert sich dabei an den bestehenden Voraussetzungen aus der Grundschule und entwickelt diese bis zum Schulabschluss systematisch und mit steigendem Niveau weiter.

Auf die Dokumentation achten

Ein Portfolio, ein Lernkompetenz-Führerschein oder ein Zeugnis dokumentieren die Lernkompetenzen der Schüler und ermutigen sie zu besseren Leistungen. Um zu gewährleisten, dass das Lernkompetenztraining erfolgreich ist, muss der Lernprozess der Schüler dokumentiert werden – wir finden, dass dies besonders gut mithilfe eines individuellen Lernportfolios geschieht. Dazu können Sie im Kapitel 4 nähere Ausführungen lesen.

Im Folgenden finden Sie weitere Informationen zu den einzelnen Lern- und Arbeitskompetenzen, die für die Schüler zum individualisierten Lernen erforderlich sind.

3.1 Arbeitstechniken

Wer etwas gezielt lernen und üben will oder muss, hat im Regelfall die Recherchephase schon hinter sich, d. h., das Material ist vorgegeben, vom Lehrer bzw. dem Schulbuch, oder selbst recherchiert. Nun geht es darum, mit diesem Material so umzugehen, dass ein effektiver Lern- und Übungsprozess in Gang kommt. Dazu gehören die individuelle Gestaltung, die Strukturierung und Aufbereitung der Materialien. Für diese Aufgaben eignen sich am besten:

- die Mnemotechniken,
- die Strukturierungstechniken
- und die Planungstechniken.

Mnemotechniken

Mnemotechniken sind traditionelle **Gedächtnisverfahren**, deren Ursprung auf die Antike zurückgeht. Schriftliche Aufzeichnungen waren nur in sehr begrenztem Maße und mit umständlichen Verfahren möglich, daher mussten die Menschen ihre wichtigen „erleuchteten" Gedanken im Gedächtnis behalten. Mithilfe der Mnemotechniken versetzten sich die Menschen in die Lage, Erzählungen, Reden oder Gedichte allein durch das Hören so intensiv aufzunehmen und in ihrem Gedächtnis zu speichern, dass sie sogar die gehörten Betonungen während des eigenen Vortrags wiedergeben konnten. Auch wenn das gleichmäßige Metrum etwa des Hexameters das Auswendiglernen erleichtert, muss uns heutige Menschen doch erstaunen, dass es für die Vortragenden der Antike (z. B. die Rhapsoden) selbstverständlich war, mindestens den gesamten Homer und den Vergil aus dem Gedächtnis ebenso spontan wie perfekt wiedergeben zu können – Werke, die immerhin viele hundert Seiten Text umfassen! Durch die Entwicklung der Schrift verblassten diese Fertigkeiten in der Neuzeit, da die vitale Notwendigkeit des Auswendiglernens wegfiel.

Wie können Mnemotechniken heute im Unterricht eingesetzt und umgesetzt werden? Mnemotechniken nutzen den Umstand, dass das Gedächtnis versucht, nicht nur den Inhalt eines Textes zu memorieren, sondern **assoziative Verbindungen** zu bildhaften Vorstellungen, zur äußeren Form, zu allen möglichen anderen Gedankeninhalten herstellt. Das Gehirn bringt Informationen in einen Zusammenhang, die eigentlich in keinem stehen und keine logische Verbindung zueinander haben. Es wird auch von „merktechnischen Umwegen" gesprochen.

Als Mnemotechniken bezeichnen wir all diejenigen Vorgehensweisen zum Training des Gedächtnisses, die sich bestimmter Hilfen, Kniffs und Tricks bedienen, die die dauerhafte Speicherung des Lernstoffes im Gehirn beschleunigen und intensivieren. Mithilfe bestimmter Übungen, Techniken sowie durch den Einsatz von Übungsinstrumenten lässt sich dieser Prozess bewusst steuern und effektivieren.

Hilfstechniken beim Auswendiglernen

Beim Auswendiglernen üben wir, uns zu konzentrieren, was allen unterschiedlichen Lerntypen zugute kommt. Jeder muss für sich selber herausfinden, wie lang die für ihn optimalen Sinnabschnitte sind, in die er den Lernstoff gliedert. Auswendiglernen ist sinnvoll, wenn es darum geht, sich etwas **so genau wie möglich** einzuprägen. Dazu zählen die Wörter einer Fremdsprache (Vokabeln), die Begriffe und Formeln einer Fachsprache oder die exakte Bedeutung von Fremdwörtern. Aber auch Gedichte, Liedtexte, Dialoge und Prosatexte lassen sich gut auswendig lernen und vortragen, wenn sie immer wieder geübt und wiederholt werden. Das regelmäßige Trainieren des Gedächtnisses ist dabei leider unverzichtbar.

Gedächtnistraining

Einige Techniken können dabei helfen, sich den Stoff besser einzuprägen. Auch hier gilt: Je größer das Repertoire der Schüler in Bezug auf unterschiedliche Übungen ist, desto eher sind sie in der Lage, die für sie geeignetste Möglichkeit herauszufinden und daraus eine eigene Übungsstrategie zu entwickeln.

Techniken zum Gedächtnistraining

Lautes Denken versucht den unmittelbar stattgefundenen individuellen Denkprozess zu verbalisieren.

Eselsbrücken stellen eine assoziative Verbindung zwischen zwei Dingen her, die eigentlich nichts miteinander zu tun haben.

Bilder/Fotos/Grafiken unterstützen das Gedächtnis, wenn es sich Sätze oder Zusammenhänge merken soll.

Farben können insbesondere zum Markieren einzelner Textpassagen eingesetzt werden.

Schlüssel-/Signalwörter ordnen als Oberbegriff zu lernende Wörter oder Textpassagen, unter denen sie leicht zu erkennen und wiederzufinden sind.

Virtuelle Geografie: Mithilfe eines eigenen, individuell gestalteten Raumes, den man sich vor seinem geistigen Auge vorstellt, kann man sich Informationen immer wieder ins Gedächtnis rufen. Relativ große Mengen an Informationen werden in diesem Raum deponiert und bei entsprechenden Assoziationen erinnert.

Rhythmisierung: Ein gleichmäßiges Metrum erleichtert das Auswendiglernen längerer Texte, Daten und Fakten.

Übungsinstrumente

Lernkarteien trainieren das Langzeitgedächtnis. Alles, was ein Schüler lernen und behalten will, wird auf Karteikarten geschrieben (Vorderseite: das zu Lernende/Rückseite: die Lösung). Die Wörter und Begriffe von Lernkarten werden regelmäßig abgefragt und so lange in einem Kasten umsortiert, bis sie im Gedächtnis gespeichert sind.

Auf ansprechend gestalteten **Lernplakaten** wird all das festgehalten, was so wichtig ist, dass die Schüler immer wieder daran erinnert werden müssen. Die Plakate sollten eine klare Struktur aufweisen und deutlich hervorgehobene Signalwörter oder Überschriften haben, denn das erleichtert den Schülern das Zurechtfinden.

Lerntagebücher sind individuell vom Schüler gestaltete Hefte, in denen in schriftlicher und bildlicher Form der Unterricht aus der Schülersicht dokumentiert wird. Hier stehen die Individualität und damit der individuelle Lernfortschritt im Vordergrund, den der Schüler immer wieder nachlesen kann. Lerntagebücher bilden die Grundlage für Gespräche zwischen dem Lehrer und dem Schüler über die individuellen Lernstrategien.

Viele verschiedene Instrumente einsetzen

Lernprogramme sind dann für die individuelle Lernentwicklung gut geeignet, wenn sie den Schüler persönlich ansprechen, das Leistungsniveau automatisch anheben und eher spielerischen Charakter entstehen lassen.

Gute Lernsoftware sollte so gestaltet sein, dass

- die Benutzeroberfläche einem gewissen Standard entspricht, d. h., es sollte eine möglichst einheitliche und übersichtliche Oberfläche für jede Lernsoftware existieren,
- sie Erfolgserlebnisse für alle Schüler durch verschiedene Leistungsniveaus sichert, viel Eigeninitiative zulässt, Fehler analysiert und differenzierte Hilfeleistungen liefert.

Ein **Merkzettel** soll im Bruchteil einer Sekunde zuverlässig Informationen und Orientierungshilfen bieten. Der Schüler muss bei der Erstellung genau überlegen, welche inhaltlichen Aspekte so wichtig sind, dass sie sein Gedächtnis bei einem Vortrag oder einer Rede zuverlässig unterstützen. Die drei wichtigsten Regeln zur Herstellung von Merkzetteln lauten:

- so wenig Text wie eben möglich,
- so leserlich und groß geschrieben wie möglich
- und so übersichtlich gestaltet wie möglich.

Übungsspiele schaffen ein anderes individuelles Lerntempo. Muße und Konzentration, Spannung und Lösung, Spaß und Ärger sind die Pole, die man der Flüchtigkeit anderer, vordergründig ökonomischerer Aneignungsmethoden entgegensetzen kann. Wir haben die Erfahrung gemacht, dass Schüler sehr viel Engagement, Kreativität und vor allem Spaß bei der Herstellung von Übungsspielen zeigen.

Visualisierungen: Besonders diejenigen Schüler, die eher über den visuellen Eingangskanal Lernstoff aufnehmen, können mithilfe von Bildern gut lernen. Sie verbinden vor ihrem geistigen Auge das Bild mit dem dazugehörigen Wort und assoziieren diese Verbindung auch noch nach längerer Zeit.

Auditive und audiovisuelle Medien erhöhen die individuellen Übungskompetenzen der Schüler, ihr Ausdrucks- und Sprachvermögen, ihre psychomotorischen Verhaltensweisen usw. Sie eignen sich für Referate und Präsentationen.

Strukturierungstechniken

Strukturierungstechniken haben das Ziel, dem Schüler einen komplexen Sachverhalt „aufzuschließen", damit er einen Text, eine mathematische Aufgabe, eine Geschichtsquelle usw. zunächst in sinnvolle einzelne Abschnitte unterteilen und bearbeiten kann.

Das menschliche Gehirn ist nach Ansicht vieler Forscher nicht nur linear strukturiert. Große Teile unseres Gehirns funktionieren simultan, also gleichzeitig. Wer mit jemandem redet, achtet gleichzeitig auf dessen Körpersprache, auf paraverbale Daten usw. Wer ein Bild betrachtet, sieht gleichzeitig eine Menge von Einzelheiten, erst die anschließende Bildbeschreibung (egal, ob mündlich oder schriftlich) verlangt das geordnete Nacheinander der Worte und Sätze. Deshalb ist es sinnvoll, einen umfangreichen oder komplizierten Text zu strukturieren, zu ordnen oder zu gliedern.

Ob dies mit einem „klassischen" Exzerpt oder etwa mit einer Mindmap geschieht, hängt vom einzelnen Schüler und seinen Fähigkeiten ab. Wichtig ist nur, dass dieser geeignete Strukturierungstechniken kennen gelernt und selber ausprobiert hat, damit er Kriterien entwickeln kann, welche Vorgehensweise sich für einen bestimmten Text, für vorliegendes Datenmaterial oder für Anschauungsmaterialien besonders gut eignet und welche seinen eigenen Vorlieben entspricht.

Mindmapping

In die Mitte eines Blattes wird ein Schlüsselwort geschrieben und eingerahmt. Weitere Assoziationen werden vom Mittelpunkt aus auf nach außen gezogenen Linien notiert (jede Linie enthält nur einen Aspekt). Durch

Oberbegriffe entsteht eine logische Struktur, die auf vier bis acht Hauptäste geschrieben werden, ergänzt jeweils durch weitere Nebenäste mit inhaltlich zugeordneten Unterbegriffen.

So entsteht eine Gedankenlandkarte, die Gedankengänge und ihre Beziehungen untereinander bildnerisch widerspiegelt.

Cluster

Für jeden die geeignete Technik finden

Diese Art der Technik zur übersichtlichen Ordnung und Strukturierung von Informationen wird ähnlich wie eine Mindmap erstellt, hat aber weniger Vorgaben. Ein Cluster kann flexibler gestaltet werden. Es fehlen die Haupt- und Nebenäste, dafür werden Zusammenhänge durch zahlreiche Symbole und Pfeile verdeutlicht. Die individuellen Cluster müssen interpretierend präsentiert werden, da sich das Bild nicht von alleine erklärt.

Mehr noch als das Mindmapping ermöglicht die Clusterbildung den kontrollierten Zugriff auf die „subjektiven Theorien" der Schüler, also auf das, was jeder einzelne konkret an Vorwissen und Voreinstellungen zu einem bestimmten Thema oder Themenbereich mitbringt.

Sortiertechniken

Sortieren bedeutet, Ordnung in eine künstlich produzierte oder natürlich bestehende Unordnung zu bringen. Ordnung schaffen bezeichnet das Vorhaben, viele einzelne und einzigartige Gegenstände oder Sachverhalte in ein System zu bringen, das übergeordnete Gesichtspunkte und Gemeinsamkeiten enthält. Der Ordnungschaffende muss abstrahierend vorgehen, indem er Klassifikationen schafft und Wichtiges von Unwichtigem trennt. Das Sortieren ist daher eine Technik, die weniger zur Erarbeitung eines neuen Stoffes taugt, sondern sich besonders gut für die übende Wiederholung eignet und Wissenslücken sowie methodische Defizite sichtbar macht.

Die zwei didaktischen Hauptziele des Sortierens sind:

1. Die Schüler müssen ein thematisch angemessenes **Strukturierungssystem** entwickeln, das nicht zu viele, aber auch nicht zu wenige Kategorien enthalten darf und aussagekräftig sein muss für die Zwecke, für die man es benötigt.
2. Die Schüler müssen die einzelnen Elemente des Stoffs selbst entwickelten **Kategorien** begründet zuordnen.

Was das Sortieren als Übungsmethode so leicht handhabbar und effektiv macht, ist die Tatsache, dass es praktisch eine Selbstkontrolle enthält: Wenn sich Elemente nicht einordnen lassen, muss das Kategoriensystem modifiziert oder das Element als unwichtig gestrichen werden.

Planungstechniken

Planungstechniken dienen dem **Zeitmanagement** und der **Organisation** der Arbeit. Schüler sollten wissen, wie wichtig Strategien zur sinnvollen zeitlichen Planung und Strukturierung von antizipierten Lernprozessen sind, und lernen, solche zunehmend selbstständig zu entwickeln. Ein kluger Zeitmanager ist derjenige, der nicht alles auf die letzte Bank schiebt, sondern rechtzeitig und dann kontinuierlich Arbeitsprozesse portioniert.

Folgende Regeln sollten die Schüler für eine bewusste Planung kennen lernen und umsetzen:

- Möglichst schnell jeden wichtigen Gedanken notieren, denn dann ist die Erinnerung noch frisch.
- Lieber jeden Tag eine kurze Zeit arbeiten als alles bis zum letztmöglichen Zeitpunkt verschieben.
- Schriftliches Festhalten – egal ob handschriftlich oder auf dem Computer – intensiviert das Gelernte.
- Vollständig vorhandene Materialien (z. B. Quellentexte, Formelsammlungen, Lexika), ein übersichtliches System zur Ordnung und Archivierung der eigenen Materialien (Karteikarten, Pinnwände, Datenbänke im Computer) sowie funktionsfähige Arbeitsmaterialien (Taschenrechner, Millimeterpapier, Folien, Notenblätter) sind unbedingt notwendig.
- Aber auch scheinbare Nebensächlichkeiten wie ein geordneter Arbeitsplatz, eine konzentrationsfördernde Atmosphäre, die Einplanung sinnvoller Ruhephasen und nicht zuletzt die Sorge um das körperliche Wohl sind wichtig.

Regelmäßig überprüfen und bei Bedarf verändern

Insbesondere im Bereich Planung gibt es auch und gerade bei den Lehrern sehr unterschiedliche Typen: vom Planungschaoten bis zum Planungsfetischisten. Wir haben daraus die Schlussfolgerung gezogen, dass wir die Planungstechniken (gemeinsam mit den Schülern entwickelt und verabredet) mit den Schülern in regelmäßigen Abständen besprechen und umsetzen:

- als Quiz: Wer ist Planungsmillionär?
- als Wettbewerb: Der Sieger der Woche!
- als Ratespiel: Meine Missgeschicke! oder
- als Standbild: Meine Unterrichtsvorbereitung zu Hause.

Das heißt für uns aber nicht, dass wir gezielt alles kontrollieren, denn wer wie seine Arbeit plant und strukturiert, hängt vom jeweils individuellen Typ ab. Auch planungschaotische Schüler können ganz erfolgreich sein.

Gleiches gilt für eine gute Organisation, die für vieles im Leben nützlich sein kann. Wenn Schüler gelernt haben, einzuschätzen, was sie für ihre aktuelle Arbeit wann brauchen und dies antizipierend bereitstellen, ist schon viel für den Lernerfolg getan. Dabei müssen sie auch an das denken, was den eigentlichen Lernprozess lediglich begleitet und auf den ersten Blick vielleicht unwichtig erscheint, was sich aber im konkreten Lernvollzug als unverzichtbar erweist.

Für eine Partner- oder Gruppenarbeit gehört zu den Organisationstechniken zusätzlich noch:

- die **Arbeitsteilung** verbindlich und übersichtlich planen,
- **Verabredungen** treffen, einhalten und auf Einhaltung drängen,
- sich gegenseitig **motivieren,** gerade bei unerwartet auftretenden Problemen usw.

3.2 Lesekompetenz

Lesetechniken

Lesetechniken sind Instrumente zur Beschleunigung und Effektivierung der Informationsaufnahme. Die normale Lesegeschwindigkeit eines durchschnittlichen Lesers liegt bei etwa 200 Wörtern pro Minute, sie lässt sich ohne weiteres verdoppeln und verdreifachen. Man hat in ausführlichen Tests nachgewiesen, dass wir uns beim Lesen nämlich nicht ökonomisch verhalten und das Auge keineswegs gleichmäßig fließend über den Text gleitet, sondern immer wieder bei Wörtern oder Wortgruppen anhält und häufig sogar Wörter oder ganze Zeilen zurückspringt. Diese „Fixationen" kann man reduzieren und damit das Lesetempo enorm steigern, ohne dass Informationen verloren gehen.

Alle Fachleute, die sich mit Lesetechniken beschäftigen, raten dazu, sich beim Einüben des Schnell-Lesens einer **Lesehilfe** zu bedienen, die die gerade zu lesende Zeile markiert – ein Stift, ein chinesisches Essstäbchen oder zur Not auch den Finger (also genau das zu tun, was Leseanfänger automatisch machen und sich erst später abgewöhnen).

Je mehr man in dieser Technik geübt ist, desto weniger Fixierungen braucht das Auge und desto mehr Wörter kann das Gehirn gleichzeitig aufnehmen! Grundsätzlich unterscheidet man drei verschiedene Arten des Lesens:

1. Das punktuelle Lesen

Hier wird der Text nicht als Ganzes, sondern eher wie ein Mosaik betrachtet. Der Leser hat einzig das Interesse, einige für ihn wichtige Informationen zu erhalten – auf den logischen Aufbau, die Entwicklung der Argumentation und die Logik der Schlussfolgerungen kommt es ihm nicht an. Der Lektürevorgang wird daher auch immer wieder unterbrochen und an anderer Stelle des Textes fortgesetzt. Das ist sehr anstrengend, kann aber gerade dann, wenn man nur ganz bestimmte Informationen sucht, sehr effektiv sein.

Effektiver lesen lernen

Dies funktioniert besonders gut mit Hypertexten aus dem Internet. Macht man vom Angebot der Verlinkung per Mausklick Gebrauch, landet man in einem verzweigten Netz von Informationen und Daten mit ungewissem Ausgang und dem Fehlen jeglicher Systematik. Um sich also per Hypertext einen ersten Überblick über ein Sachgebiet zu verschaffen, ist das punktuelle Lesen die richtige Technik.

2. Das diagonale Lesen

Die Lesetechnik des diagonalen Lesens treibt die Beschleunigung der Informationsaufnahme am weitesten. Man nimmt sich ein Kapitel oder einen Abschnitt des Buches vor und überfliegt die Seiten mithilfe der slalomförmig über die Seiten gleitenden Lesehilfe, um so einen Überblick vom Inhalt des Kapitels zu erhalten.

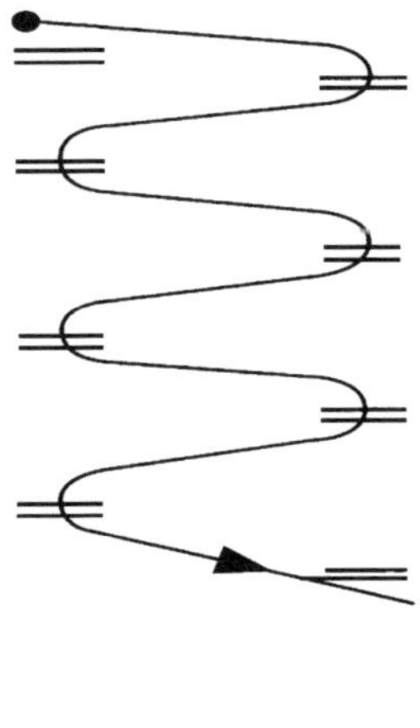

Auf diese Weise werden über Schlüsselwörter die wichtigsten Informationen aufgenommen. Ziel des diagonalen Lesens ist es, einen Gesamtüberblick über einen Text, sein Thema und seine Details zu erhalten und damit eine Entscheidungsgrundlage für die Brauchbarkeit eines Textes zu schaffen.

3. Das intensive Lesen

Ziel des intensiven Lesens ist ein methodisch kontrolliertes und sachlich durchdachtes **Textverständnis**. Dies setzt auf der Seite des Lesenden voraus, dass

- die argumentative Struktur und der logische Aufbau des Textes erfasst werden,
- seine Hauptaussagen (Thesen) von den weniger wichtigen – vielleicht sogar überflüssigen – Argumenten getrennt werden,
- die Intention (Absicht) des Textes klar geworden ist
- und man so schließlich zu einem begründeten Urteil gelangt.

Exzerpieren

Der vorher z. B. durch diagonales Lesen erfasste Text wird intensiv gelesen und die wichtigen Aussagen (sofort oder in einem zweiten Durchgang) unterstrichen. Lesekompetenz zeigt sich schon darin, wie selbstverständlich sich ein Schüler grundsätzlich nur mit einem Bleistift oder Textmarker in der Hand an die Lektüre macht.

Regelmäßig üben lassen und kontrollieren

Die Kunst des Markierens und Unterstreichens besteht nun darin, die **richtige Menge an Informationen** zu kennzeichnen. Es ist schwierig, hier eine quantifizierende Vorgabe zu machen, weil dies stark von der Länge und der Informationsdichte jedes Textes abhängt. Aber man kann ganz sicherlich sagen, dass derjenige, der durchschnittlich mehr als 50 Prozent anstreicht, zu viel des Guten tut – und damit ebenso unangemessen vorgeht wie derjenige, der im Durchschnitt bei deutlich weniger als 10 Prozent bleibt.

Im zweiten Arbeitsschritt können Merkwörter oder Kennzeichnungen in der Randspalte notiert werden. Man kann damit logische Abschnitte markieren oder einen Hinweis auf den Inhalt oder die strukturelle Funktion des Abschnittes geben – also z. B. notieren: Einleitung, 1. Definition, Beispiel oder auch nur ein Schlagwort für den Inhalt des Abschnitts.

Der dritte Arbeitsgang kann – muss aber nicht – gleichzeitig mit dem zweiten erfolgen: die Markierung der unterstrichenen Passagen am Rand des Textes unter bestimmten Zuordnungskriterien. Wir schlagen vor, mit Symbolen und Abkürzungen wie „W“ für besonders wichtig, „P“ für problematisch zu arbeiten.

Im vierten Arbeitsschritt schließlich werden die wichtigsten Aussagen des Textes in eigenen Worten auf der Basis des Unterstrichenen und der Seitennotizen aufgeschrieben.

Tabellen und Grafiken analysieren

Fünf Arbeitsschritte

Die Analyse und Beschreibung einer Tabelle oder Grafik sollte in fünf Schritten erfolgen:

1. Kurz erläutern, was die Tabelle oder die Grafik überhaupt zeigt und in welchem Zusammenhang sie steht:

- Was ist das genaue Thema?
- Was wird untersucht?
- Welche Ergebnisse kann man ablesen? Welche nicht?

2. Beschreiben, wie das „Forschungsdesign“ war (sofern es offengelegt wird):

- Wer hat die Untersuchung durchgeführt?
- Wie groß war die Erhebung?
- Wer wurde wie befragt?
- Wann fand die Untersuchung statt?
- Wie lauteten die Fragen und Alternativen?
- Aber auch: Was sagt die Tabelle, die Grafik, das Diagramm nicht aus?

3. Die Tabelle, Grafik, das Diagramm genau beschreiben:

- Welche äußere Form wurde gewählt?
- Wie sind die grafischen, bildlichen, zeichnerischen Hilfsmittel?
- Wie ist der gewählte Maßstab?

4. Die Zahlen/Werte interpretieren:

- Welche Spalten und/oder Reihen sind wichtig, welche eher unwichtig?
- Wie kann man sich primär orientieren?
- Kann man Teile der Tabelle, des Diagramms zu größeren (Sinn-)Abschnitten ordnen?
- Welche Zahlen/Werte sind besonders auffällig?
- Wie können die Ergebnisse zusammengefasst und gewertet werden?

3.3 Schreibkompetenz

Seit PISA nimmt die Schreibkompetenz einen immer höheren Stellenwert in der didaktischen Diskussion ein. In der Literatur gibt es unterschiedliche Ansätze, wie und über welche Stationen wir zu einer voll entwickelten Schreibkompetenz gelangen. Wir möchten hier nur kurz zwei Ansätze anreißen – wohl wissend, dass das Thema viel umfassender ist.

Rechtschreibung und Zeichensetzung trainieren

Basis für jede Form von Schreibkompetenz ist die Fähigkeit, die grammatischen und orthografischen **Normen** angemessen zu beherrschen und die **stilistische Ebene** zu kennen, also in Bezug auf Inhalt und Form den Ansprüchen bestimmter schriftbasierter Medien zu genügen, z. B. Texte für Zeitungen, wissenschaftliche Zeitschriften oder Websites anfertigen können. Darüber hinaus kann der Schreibprozess folgende Dimensionen haben:

- **Assoziatives Schreiben:** Die allmähliche Verfertigung der Gedanken beim Schreiben (um ein bekanntes Kleist-Zitat leicht umzuwandeln). Während des völlig offenen Schreibens werden Ideen produziert, das Schreiben wird im Idealfall zu einem Bestandteil des Denkens.
- **Kommunikatives Schreiben:** Der Schreiber wendet sich an einen fiktiven oder realen Partner.
- **Reflektiertes Schreiben:** Eine Sonderform des kommunikativen Schreibens, bei der der Schreibende sein eigener Kommunikationspartner ist und den eigenen Text kritisch reflektiert und die eigenen Ansprüche und Ziele bewertet.

Sprachkompetenz wird durch regelmäßiges eigenes Schreiben, Lesen und Sprechen sowie die Reflexion und Bearbeitung erworben. Im Schreibprozess entwickeln die Schüler sukzessive ein Gespür für ihre Ausdrucksweisen und Formulierungen und können eine kritische Distanz dazu entwickeln. Mit zunehmender Sicherheit wächst die Lust am Schreiben. Zwischen Schreibmotivation und Schreibkompetenz besteht eine Wechselwirkung, da Schüler durch das kompetente Tun Bestätigung erfahren.

Ein Schüler, der über umfassende Schreibkompetenz verfügt, ist vor allem dazu in der Lage, das „Schreiben zu einem Werkzeug des Denkens zu machen" (Becker-Mrotzek/Böttcher 2006), indem er durch das Schreiben über Sachverhalte nachdenkt und seine Texte nicht nur formal und sprachlich korrekt, sondern auch stilistisch und funktional passend gestaltet, sodass sie für jeden lesbar werden.

Eine so verstandene Schreibkompetenz entwickelt sich stufenweise in einem Prozess, der die gesamte Schulzeit begleitet und den individuellen Entwicklungsprozess im Auge hat. Diese Fähigkeiten beim Schreiben können nicht losgelöst von den individuellen Interessen und Begabungen des Einzelnen gesehen werden. Da das schulische Schreiben nach wie vor den Fokus auf traditionelle Schreibformen wie Inhaltsangabe, Bericht, Beschreibung, Erörterung usw. legt, finden Sie hier eine Liste von Schreibideen, die zumindest die Möglichkeit für die Schüler enthält, den Schreibprozess als selbstständigen und „lustbetonten" Vorgang zu erfahren, der zudem ihre individuellen Fähigkeiten zur Geltung bringt und trainiert.

Schreibanlässe anbieten

Motivieren Sie Ihre Schüler, oft und regelmäßig zu schreiben. Bieten Sie regelmäßige Schreibanlässe an wie:

- Lesetagebuch schreiben
- kreatives, freies Schreiben
- Schreibprojekte
- Schreibwettbewerbe
- Entwicklung von eigenen Comics
- Tagebucheinträge und Lerntagebucheinträge
- SMS-Texte (gemeinsam entwickeln und die pfiffigsten vorstellen)
- Internetkommunikation (twittern, bloggen, chatten)
- Schreiben von E-Mails
- Kommunikation in Internet-Portalen

Wer einen Text nicht einfach liest, sondern mithilfe produktiver Verfahren ein fiktives „Gerüst" um die Handlung spinnt und diese umschreibt, erhält beim Schreiben die Chance, Handlung und Figuren aus neuen, differenzierten Blickwinkeln zu sehen. Die Fähigkeit zur empathischen Kompetenz (Einfühlung in die Figuren), die zentral für jedes Verständnis literarischer Texte ist, wird durch freies und kreatives Schreiben gestärkt. Brüche, Nahtstellen, mögliche Handlungsalternativen werden auf diese Weise erfahrbar und die „Leerstellen", die jeder Text bei dem Leser hinterlässt und die bewusst nicht vom Autor ausgestaltet sind, können mit neuen Inhalten gefüllt werden. Diese sollen aber nicht beliebig sein, sondern sich der Textstruktur und -aussage unterordnen.

Die **Perspektive eines Textes** ist ein ausschlaggebender Faktor für den Verstehensprozess. Die Änderung dieser Perspektive beeinflusst, intensiviert und vertieft daher auch diesen Vorgang des Verstehens: Die Schüler werden motiviert, die Handlung des Textes aus einer neuen, anderen Sichtweise zu erzählen und dabei Annahmen, Argumente oder Motive aus einer ganz anderen Distanz und einem neuen Blickwinkel wahrzunehmen und schriftlich auszugestalten. So kann z. B. ein auktorial erzählter Text, in dem der Erzähler die Gedanken aller Figuren weiß, in die personale oder Ich-Form umgeschrieben werden – das vorher „gewusste" Innenleben der anderen Figuren muss sich dann aus der deutenden Interpretation des personalen Erzählers erst erschließen. Ebenso kann ein personal erzählter Text aus der Perspektive einer anderen Person berichtet werden, deren Innenleben jetzt plötzlich erzählerisch ausgebreitet werden muss. Reizvoll und die Schreibkompetenz stärkend kann es für jüngere Schüler ebenfalls sein, eine Geschichte aus der Perspektive eines Tieres, einer Pflanze oder eines Gegenstandes zu schreiben.

Aus einer ganz und gar realistischen Geschichte kann eine **fantastische** werden, durch die Kreation neuer Personen können neue Konstellationen entstehen, die die Aussage verändern oder verdeutlichen, ein fantastischer Ort oder eine fantastische (zukünftige) Zeit können Probleme, die in der Geschichte nur angedeutet werden, stärker hervortreten lassen – die Möglichkeiten sind fast unbegrenzt.

Beim Schreiben eines fiktiven **Briefes** versetzt man sich in die Rolle einer Figur aus einem literarischen Text. Dabei denkt man über eine bestimmte Situation, die diese Figur erlebt, nach und schildert in dem Brief ihre Gedanken, Eindrücke, Stimmungen. Meist richtet sich der Brief an eine der Figur nahestehende Person.

Der Schluss eines erzählenden Textes ist häufig der Schlüssel für sein Verständnis: Erst vom Ende her ergibt sich oft die Deutung der Absichten des Autors. Den **Schluss zu verändern** ist daher ebenso reizvoll wie riskant: Einerseits kann ein neuer Schluss verblüffende Erkenntnisse, Einsichten und Einblicke zu Tage fördern und das Textverständnis so vertiefen. Andererseits aber kann die ursprüngliche Absicht des Textes auch in sein Gegenteil verkehrt werden.

Einen Text über sein eigentliches Ende hinaus **weiterzuschreiben**, ist ebenfalls eine anspruchsvolle Aufgabe, denn es geht ja nicht um irgendeine, sondern eine passende Fortsetzung. Auch die Umwandlung in eine andere Textgattung stärkt die Schreibkompetenz – z. B. kann eine Erzählung jederzeit in eine Reportage umgewandelt werden, denn in der klassischen Reportage schildert ein Reporter ein selbst erlebtes Ereignis. Geschildert werden nicht nur Fakten, sondern auch subjektive Gefühle und Eindrücke. Die Fakten, die einer Reportage zugrunde liegen, brauchen keineswegs sonderlich aufregend zu sein, sondern erst die Form des persönlichen Berichts mit Elementen wie der wörtlichen Rede, einer nachvollziehbar beschriebenen Situationskomik oder dem Spannungsaufbau machen die Reportage lesenswert und die Erlebnisse nachvollziehbar.

3.4 Gesprächskompetenz

Ein gesprächskompetenter Schüler kennt die unterschiedlichen Gesprächsformen und ist dazu in der Lage, ihre allgemeinen Merkmale und die Bedingungen, unter denen sie stattfinden, individuell zu berücksichtigen. Folgende allgemeine Merkmale sind typisch für eine Gesprächssituation:

Allgemeine Merkmale für Gespräche

- Gespräche finden immer in einem bestimmten **Kontext** statt.
- Gespräche sind einem ständigen interaktiven **Prozess** unterworfen – jede Äußerung provoziert eine Gegenäußerung, auf die man reagieren muss.
- Gespräche unterliegen bestimmten, im Normalfall nicht diskutierten **Regeln**, die sich aus der Situation und durch den Gesprächspartner ergeben: Mit einem Kumpel rede ich in der Kneipe anders als mit einem Geschäftspartner, dem ich etwas verkaufen will.
- Gespräche sind auch durch **körpersprachliche** und paraverbale Elemente bestimmt: Gestik und Mimik, Betonung und Satzmelodie sind mindestens ebenso wichtig wie das gesprochene Wort.

Gesprächsformen können u. a. sein:

- Gespräch unter Freunden
- Verkaufsgespräch
- Bewerbungsgespräch
- Unterrichtsgespräch

Szenische Interpretationen, Texttheater, Plan- und insbesondere Rollenspiele sind geeignete Methoden, um Schüler individuell Gesprächskompetenz einüben und festigen zu lassen und um ihre eigenen Fähigkeiten zur Bewältigung einer Gesprächssituation zu trainieren. Mithilfe dieser Instrumente lernen Schüler,

- die aktuelle Gesprächssituation zu antizipieren und individuelle Strategien zu entwickeln,
- eine der Situation und dem Gesprächspartner angemessene und erfolgversprechende Ausdrucksmöglichkeit zu finden,
- die körpersprachliche und paraverbale Begleitung der eigenen Gesprächsanteile zu optimieren.

Eine weitere Möglichkeit zur Stärkung und Förderung der individuellen Gesprächskompetenz ist es, die Schüler in die üblichen Gesprächsformen des Unterrichts aktiv einzubeziehen und sie die verschiedenen Aufgaben und Rollen gezielt üben zu lassen. Dafür bieten sich folgende Gesprächssituationen an:

- **Gesprächsmoderation:** Der Moderator schafft Gesprächsanlässe und strukturiert das Gespräch. Die oberste Regel lautet: Immer sachlich bleiben, niemals persönlich oder gar ausfallend werden! Nur wer unfairen Gegenrednern oder Störern gegenüber ruhig auf den sachlichen Aspekten des Themas beharrt, hat eine reelle Chance, die Diskussion zu retten und auf die angemessene Ebene zurückzuführen.
- **Streitgespräch:** Im Streitgespräch erhalten die Schüler den Auftrag, in einer simulierten Konkurrenzsituation die von ihnen übernommenen Sprechrollen durch möglichst geschicktes Argumentieren zu vertreten und die Vorlage verbal auszugestalten. Klare Rollenzuweisungen und genaue formale Regeln des Gesprächsablaufs, die zu Beginn eingeführt sein müssen, kennzeichnen diese Gesprächsform.
- **Debatte:** Sie unterscheidet sich vom Streitgespräch durch mehr Regeln. Es muss eine klare Entscheidungsalternative geben, die in Form eines Antrages zur Abstimmung gestellt wird. Das Ziel der Debatte ist die Annahme, Ablehnung oder Modifizierung eines Antrags.

3.5 Medienkompetenz

Nach Dieter Baake (Baake 1997) umfasst der Begriff der Medienkompetenz die folgenden Fähigkeiten:

- Medien (Bücher, Zeitschriften, Internet, Hörfunk, Fernsehen usw.) kennen und nutzen können – z. B. ein Buch in der Bibliothek suchen und entleihen.
- Sich in der Medienwelt orientieren können – etwa unter den verschiedenen Fernsehangeboten eine Nachrichtensendung finden.
- An medial vermittelten Kommunikationen teilnehmen können – wie einen Leserbrief verfassen.
- Eine kritische Distanz zu Medien halten – z. B. kommerzielle oder politische Interessen in journalistischen Beiträgen erkennen können.
- Selbst kreativ in der Medienwelt tätig werden – in einer Schülerzeitung, zu einem offenen Kanal oder bei Wikipedia etwas beitragen.

Journalistische Texte analysieren

Ein kompetenter Umgang mit allen journalistischen Textformen gehört zu den Kompetenzen, die Schülerinnen und Schüler altersgerecht über mehrere Schuljahre verteilt aufbauen sollen. Das setzt voraus, dass in möglichst vielen Fächern (nicht nur in Deutsch oder in Fremdsprachen) entsprechende Texte zum Einsatz kommen und die Schüler nicht nur eng fachbezogene Aufgaben dazu erhalten, sondern auch lernen, journalistische Texte auf ihren sachlichen Inhalt zu prüfen, sie kritisch zu hinterfragen und einzuordnen.

Dazu dienen folgende Leitfragen, die Sie – einmal eingeführt – auch an zentraler Stelle im Klassenzimmer aushängen oder als Checkliste verteilen können.

Leitfragen zur Prüfung von Texten

Fragen zum Thema/Inhalt und Aufbau

- Welcher Sachverhalt, welches Thema, welches Problem wird behandelt?
- Was sagt die Überschrift aus?
- Gibt es Zwischenüberschriften, die weitere Hinweise geben?
- Wie ist der Text formal gegliedert (Absätze, grafische Elemente, Überschriften, Fußnoten)?
- Wie ist der Text inhaltlich strukturiert (Gedankenfolge, Argumentationsaufbau – auch hier auf Überschriften achten)?
- Kann man den Aufbau in einem Diagramm oder einer Skizze verdeutlichen?

Fragen zur Textsorte

- Welche Textsorte repräsentiert der Text; welche sprachlichen und inhaltlichen Einzelheiten deuten darauf hin?
- Gibt der Text Tatsachen wieder?
- Gibt er Meinungen oder den Ausdruck von Gefühlen wieder?
- Will er für etwas werben?
- Handelt es sich um einen argumentativen Text, der Hypothesen aufstellt?
- Geht es um einen erklärenden oder belehrenden Text für eine bestimmte Adressatengruppe?

Fragen zur sprachlich-stilistischen Form

- Welche Sprach- und Stilebene verwendet der Verfasser (Standardsprache, Umgangssprache, Gruppensprache, Dialekt, Fachsprache)?
- Ist in der Wortwahl und im Satzbau etwas besonders auffällig?
- Welche rhetorischen Mittel verwendet der Text, wie setzt er sie ein?

Fragen zur Kommunikationssituation/zur Entstehung des Textes

- Wer hat den Text verfasst?
- Wo ist er im Original zu finden (Quelle)?
- In welcher Zeit und unter welchen Umständen ist er entstanden?
- Welchen Zweck verfolgt der Verfasser?
- Wird eine Absicht deutlich formuliert? Steht sie eher zwischen den Zeilen?

Fragen zur Wirkung

- An welches Publikum wendet sich der Verfasser (Sprachstil, Anrede, Inhalt)?
- Spricht er einzelne Leser, eine Interessengruppe oder ein Massenpublikum an?
- Wendet sich der Verfasser eher an den Verstand, an das Gefühl, an das moralische Gewissen?
- Was gefällt mir am Text, was gefällt mir nicht (in Bezug auf Genauigkeit, Klarheit, Verständlichkeit, Stil usw.)?
- Was interessiert mich persönlich am Text? Welche Denkanstöße, Anregungen, Erkenntnisse vermittelt er mir? Ziehe ich Folgerungen aus dem Text? Kann mir der Text nützen?

Kompetenzen im Umgang mit dem Computer

Die meisten Schülerinnen und Schüler haben einen eigenen Computer und verbringen mitunter sehr viel Zeit davor. Sie lernen viele Funktionen einfach durch Ausprobieren oder Nachmachen. Allerdings beschränkt sich die Betätigung oft auf PC-Spiele und das Chatten.

Für eine sinnvolle Nutzung des PC als Arbeits- und Hilfsmittel ist deshalb eine **systematische Einführung** notwendig. Hier lernen die Schüler, die technischen Möglichkeiten auszuschöpfen und anzuwenden, was vor allem in den Bereichen Textverarbeitung, Informationsbeschaffung und Kommunikation wichtig ist.

„Computerführerschein"

Computerführerschein

In vielen Schulen kann ein „PC-Führerschein" erworben werden, der die Beherrschung der folgenden Fähigkeiten und Fertigkeiten voraussetzt:

Teil 1

- Computer einschalten und ein Programm öffnen
- Tastatur, Maus, Scanner usw. kennen

- im Schreibprogramm einen Text schreiben
- Schriftarten und Schriftgrößen auswählen
- Texte korrigieren, formatieren, bebildern (Cliparts)
- Texte speichern (Ort, Name), Ordner anlegen
- Programm schließen, PC herunterfahren, Bildschirm ausschalten

Teil 2

- Computersprache lernen
- E-Mails schreiben, senden, empfangen
- Textfeldarbeit (markieren, strukturieren, gestalten, ausfärben)
- Schriftarten beliebig verändern
- Wörter in Texten zählen
- verschiedene Tabellen und Formate erstellen
- Rechtschreibung prüfen

Teil 3

- PC-Programme wie WORD, EXCEL usw.
- Folien gestalten (Hintergrund anlegen, Texte und Bilder einfügen)
- Effekte nutzen
- Bildschirmvorschau gestalten
- Tabellen in EXCEL anlegen
- Zugang zum Internet finden, verschiedene Suchmaschinen kennen und nutzen
- E-Mails verwalten

Checkliste: Wie kann ich als Lehrer den Computer sinnvoll im Unterricht einsetzen?

Sinnvolle Computernutzung im Unterricht

1. Eigene Nutzung für:

- Materialrecherche im Internet
- interaktive Whiteboards
- Chatten im Unterricht
- Arbeiten mit Webquests
- Arbeit mit Audio und Video (mobile Digitalgeräte)
- E-Learning
- Fördern und Fordern online
- Kommunikation mit den Schülern (Forum)

2. Schüler können den Computer als Lern- und Kommunikationsmittel nutzen und einsetzen – je nach individuellen Kenntnissen und Fähigkeiten auf sehr unterschiedlichen Niveaus.

- Recherche (mit entsprechender Anleitung nach Informationen suchen und recherchieren, zur Vor- und Nachbereitung)
- Textverarbeitung (Texte schreiben und bearbeiten)
- Gestaltung (Layout, Grafiken, digitale Bilder)
- Präsentationen (Ergebnisse vorstellen)
- Lernprogramme (Lernsoftware zum Wiederholen und Üben, zur Erarbeitung neuer Inhalte nutzen)
- Kommunikation (mit anderen chatten, twittern, bloggen, e-mailen usw.)

Gerätekompetenz

Neben dem PC sollen Schüler mit weiteren Geräten sicher umgehen können, ob mit Sportgeräten, Schreibgeräten, Werkzeugen wie Bandsäge oder Bohrmaschine, mit einer Nähmaschine – die Liste lässt sich beliebig fortsetzen, je nach Schwerpunkt der einzelnen Schule. Der Umgang sollte in der Schule geübt und trainiert werden. Die Schüler müssen nicht unbedingt die Einzelheiten des technischen Aufbaus der Geräte kennen, aber sie sollen wissen, wie diese sicher zu bedienen sind und wofür sich die Geräte eignen. Achten Sie darum in Ihrem Unterricht auf **vielfältigen Geräteeinsatz**, stellen Sie hin und wieder neue Geräte vor bzw. nutzen Sie die vorhandenen regelmäßig. Dabei können Sie eventuell auf Kenntnisse der Schüler zurückgreifen oder Spezialisten schulen, die für bestimmte Werkzeuge zuständig sind. Haben Mitschüler Fragen oder Probleme beim Umgang mit einer Maschine, können sie sich hier Hilfe holen.

Ob für bestimmte Geräte in der Schule ebenfalls ein Führerschein erforderlich ist, hängt vom jeweiligen Profil der Schule und der Häufigkeit des Einsatzes ab.

3.6 Recherchekompetenz

Ihre Schüler müssen lernen, wo sie sich **zuverlässige Informationen** beschaffen können. Geben Sie darum regelmäßig Rechercheaufträge zu einem Thema, das im Unterricht behandelt wird. Dabei können Sie die individuellen Interessen der Schüler berücksichtigen: Wer z. B. selbst gern zeichnet, hat wahrscheinlich Freude daran, etwas über eine Ausstellung mit Karikaturen herauszufinden; wer gerade einen Schüleraustausch im Ausland hinter sich hat, sucht Artikel zur politischen Lage in diesem Land, oder das Mitglied einer Schülerband beschafft Informationen über das Raubkopieren von Musik im Internet. Im Folgenden stellen wir verschiedene Informationsquellen vor.

Bibliotheken und Nachschlagewerke

Büchereien und Bibliotheken erfassen ihren Bestand in einem **Katalog**, darin sind alle Bücher, Zeitschriften und weitere Medien wie z. B. Hörbücher aufgelistet. Heute ist eine Computerdatenbank überall selbstverständlich, sie steht den Benutzern für Recherchezwecke zur Verfügung.

Drei Suchstrategien sind in einer Bibliothek möglich:

- Die Suche mit dem **alphabetischen Katalog** ist sinnvoll (und am einfachsten), wenn man schon die Namen von Autoren und/oder die Buchtitel weiß. In diesem Fall kann man einfach entweder über den Verfassernamen oder den Buchtitel in der alphabetischen Systematik suchen.
- Die Suche mit dem **systematischen Katalog** bietet sich an, wenn man zunächst einmal sichten möchte, was die betreffende Bücherei zu einem bestimmten Thema alles vorrätig hat. Die Systematik folgt einem standardisierten Schema (etwa von A wie allgemein bis Y wie Sport, Spiel, Basteln), das aushängt und eingesehen werden kann.
- Die Suche mit dem **Schlagwortkatalog** ähnelt der systematischen Suche, ist aber sehr viel spezieller und unter Umständen auch viel schneller als diese – es kommt darauf an, wie präzise das jeweilige Schlagwort ist.

Auf der Karteikarte bzw. der Bildschirmseite mit dem gefundenen Buch findet man eine Reihe von wichtigen Informationen: Autor, genauer Titel, ISBN, Erscheinungsort und -jahr, Auflage und die Signatur. Autor, Titel, Ort, Zeit und Auflage braucht man, um das Buch oder die Quelle korrekt zitieren zu können, die Signatur, um das Buch tatsächlich im Regal zu finden.

An Büchereiführungen teilnehmen

Viele Schulen haben eigene Schulbüchereien. Hier können Sie Ihre Schüler vor Ort in das Bibliothekswesen einführen. Oft bieten Stadtbibliotheken entsprechende Führungen für Klassen an. Daneben gibt es zusätzliche Angebote wie eine Bibliotheksrallye, Bücherkisten zu bestimmten Themen zum Ausleihen oder Lesungen. Je vertrauter den Schülern der Ort „Bibliothek“ ist, umso selbstverständlicher werden sie ihn aufsuchen und nutzen.

Hier kann man auf leichte Weise die individuellen Interessen und Fähigkeiten der Schüler berücksichtigen, sowohl in der thematischen Auswahl als auch in der Komplexität der Rechercheaufträge.

Internetrecherche

Das Problem für den Recherchierenden ist die ungeheure Datenfülle, in manchen Bereichen „erstickt" das Internet förmlich an dem Übermaß von Information. Hinzu kommt, dass ein sehr, sehr großer Teil der Informationen im wahrsten Sinne des Wortes aus „Augenfutter" (und/oder Werbung) besteht, also aus optisch ansprechend gestalteten Webseiten mit vielen Grafiken (und entsprechend langer Ladezeit), aber wenigen oder unbrauchbaren Informationen.

Unbedingt nötig ist eine **Qualitätsprüfung** des gefundenen Materials, denn absolut seriöse Quellen mit objektiv fundierten Aussagen stehen völlig gleichberechtigt neben obskurem Propagandamaterial und Schlimmerem. Folgende Kriterien sind sinnvoll:

- **Relevanz**: Auf welche(n) der gefundene Aspekte des Themas bezieht sich die Quelle? Sind diese für das Thema wichtig?
- **Zuverlässigkeit**: Wer hat den Text, die Grafik, die Tabelle verfasst? Was lässt die Urheberschaft für Objektivität und Niveau erwarten?
- **Nachprüfbarkeit**: Stellt die Quelle das Thema wirklich ausgewogen und objektiv dar oder ist sie parteilich, vielleicht sogar polemisch, verfälscht oder verschweigt sie wichtige Aspekte des Themas, enthält sie sachliche Fehler usw.

Suchaufgaben an Zweierteams

Ein guter Weg, um mit den Schüler das Recherchieren im Internet einzuüben, ist eine gemeinsame Suche zu bestimmten (inhaltlich gerade passenden) Fragen. Geben Sie jeweils einem Zweierteam eine oder mehrere Fragen, die in einer begrenzten Zeit beantwortet werden sollen. Sie können die Suchmaschinen vorgeben oder dies den Schülern überlassen.

Besprechen Sie, in welcher Form die Ergebnisse gesammelt und präsentiert werden sollen. Vergleichen Sie anschließend die Ergebnisse bei verschiedenen Suchmaschinen, bewerten Sie den Informationsgehalt, die Seriösität. Auch als Hausaufgabe kann eine Internetrecherche immer wieder aufgegriffen werden.

Eigene Erhebungen

Eigene Erhebungen sollten im Unterricht eingesetzt werden, wo immer es sich inhaltlich anbietet. Hier lernen die Schüler:

1. ein Verständnis für die Problemstellung zu entwickeln,
2. eine Erhebung angemessen inhaltlich zu planen (Art, Umfang, Auswahl der befragten Gruppe, Fragebogen),
3. eine Erhebung konkret zu organisieren und durchzuführen,
4. sie auszuwerten und
5. die Ergebnisse zu präsentieren.

Von wenig aufwändigen Umfragen, z. B. im häuslichen Umfeld oder in der Schule, bis zu größeren Unternehmungen, die sich auf statistische Kenntnisse stützen, reicht das Spektrum. Für eigene Erhebungen muss der Lernraum Schule zumindest teilweise verlassen werden.

Beispiele für eigene Erhebungen

Beispiele:

- Im Politikunterricht der Klassen 9 und höher können Schüler die konkreten wirtschaftlichen Verhältnisse ihres Heimatortes erforschen, indem sie z. B. einzelne Unternehmen untersuchen (Interviews, teilnehmende Beobachtung, Befragung der Firmenleitung und der Belegschaft usw.) und dabei ihre individuellen Fähigkeiten trainieren – von der Kontaktaufnahme bis zum Schreiben.
- Im Geschichtsunterricht kann das Thema „Die Lage der Flüchtlinge nach 1945 in meiner Stadt“ bearbeitet werden – von der Recherche im städtischen Archiv über Quellenarbeit bis hin zur Befragung von Zeitzeugen. Bei diesem Vorhaben stellen sich einige Schüler als „Meister der Archivwühlerei“ heraus, andere dagegen haben ein Gespür für den Umgang und die Befragung der (mittlerweile recht betagten) Zeitzeugen.
- Im Religions- oder Ethikunterricht kann das Integrationskonzept des jeweiligen Heimatortes untersucht und mit den tatsächlichen Gegebenheiten verglichen werden. Auch hier können die Schüler sehr individuelle Fähigkeiten anwenden – vom „Klinkenputzen“ bei den kommunalen Behörden über die Kontaktaufnahme mit Vereinen bis hin zu Befragungstechniken.

Quantitative Methoden

Quantitative Methoden gehen in die Breite, d. h., ihr Ziel ist es, einen möglichst leicht **vergleichbaren Datensatz** von einem möglichst großen Personenkreis zu erhalten. Dafür braucht man ein weitgehend standardisiertes Vorgehen, damit die Auswertung großer Datensätze einfach und schnell vonstatten geht – im Regelfall mithilfe des Computers. Am einfachsten und in der Auswertung am schnellsten funktionieren Multiple-Choice-Verfahren: Zu einer Frage gibt es drei, vier, fünf mögliche Antworten, der Befragte braucht nur die ihm passende anzukreuzen. Ein bisschen aufwändiger, aber ebenfalls leicht auswertbar sind Verfahren mit „geschlossenen" Fragen, die eindeutige und leicht kategorisierbare Antworten erlauben.

Die Instrumente einer quantitativen Erhebung sind daher der Fragebogen (mit Multiple Choice oder geschlossenen Fragen) sowie das hoch standardisierte, geschlossene Interview (im Prinzip ein mündlich abgefragter Fragebogen, den der Interviewer in Form eines Leitfadens dem Interviewten vorträgt).

Qualitative Methoden

Diese gehen eher in die Tiefe: Ziel ist nicht die Befragung eines möglichst großen Personenkreises, sondern die **vertiefte Analyse von Einzelfällen**, die im Idealfall repräsentativ für eine größere Gruppe sein sollten. Die hauptsächlichen Vorgehensweisen bei qualitativen Methoden sind die teilnehmende Beobachtung, bei der der „Forscher" ausführlich Sachverhalte o. Ä. beobachtet, ohne selbst direkt aktiv zu werden, sowie die offenen Fragen, die eben keine standardisierten Antworten voraussetzen, sondern im Gegenteil zum Erzählen, zum Schildern typischer Situationen anregen sollen. Die Instrumente einer qualitativen Erhebung sind daher das offene Interview, in dem der Interviewer anhand eines Leitfadens den Interviewten durch möglichst offene Fragen zum Reden bringt, und die Fallstudie, bei der durch die Analyse eines (oder einiger weniger) Fälle Erkenntnisse gewonnen werden.

3.7 Visualisierungskompetenz

Auch ohne sich mit Lerntheorien beschäftigt zu haben, wird jeder Laie einsehen, dass ein Vortrag durch optische Hilfsmittel verständlicher wird und Zuhörern nachhaltiger im Gedächtnis bleibt. Fachleute schätzen, dass die Zuhörer etwa 30 Prozent mehr verstehen und behalten – Visualisierungen sind also auf jeden Fall eine lohnende Sache, die Ihre Schülerinnen und Schüler beherrschen sollten. Wir stellen verschiedene Möglichkeiten vor, die je nach Klassenstufe, Fach und inhaltlichem Zusammenhang eingesetzt werden können. Alle eignen sich in besonderem Maß für einen individualisierenden Unterricht, weil sie auf unterschiedlichem gestalterischem wie inhaltlichem Niveau denkbar sind und in jedem Fall zu einem Ergebnis führen, das gewürdigt und bewertet wird. Wie viele Vorgaben und Hilfestellungen Sie machen, können Sie je nach Lerngruppe bzw. je nach Schüler entscheiden. Schüler, die z. B. schon ab der 5. Klasse damit vertraut sind,

Lernplakate zu gestalten, werden dies in der 10. Klasse bereits sehr selbstständig tun.

Plakate gestalten

Auf angemessene Würdigung der optischen Mittel achten

Die Grundregeln für alle Arten der Visualisierung lauten:

- Im Weglassen liegt die Kunst! Also so wenig Text und Grafik wie möglich einsetzen.
- Die „vier Verständlichmacher" beachten: Einfachheit, übersichtliche Gliederung, prägnante Kürze, Einsatz von grafischen Elementen.
- Der Text sollte im Lesefluss immer von links oben nach rechts unten verlaufen. Die Schrift muss deutlich lesbar sein, in handschriftlicher Druckschrift oder in großer Computerschrift.

Grafische Symbole sollen Informationen oder Argumente hervorheben und zusätzlich der Auflockerung dienen – gerade für „trockene" Themen sind sie besonders geeignet. Auch als bloße Verzierung freier (bzw. bewusst freigehaltener) Flächen haben sie eine wichtige ästhetische Funktion.

Logische Symbole kommen aus der Mathematik und vermögen kurz und prägnant Beziehungen zwischen einzelnen Aussagen herzustellen – das Pluszeichen etwa steht für ein Zusammenfügen von Argumenten, das Gleichheitszeichen für ein Resümee, der Doppelpfeil für eine Folgerung usw.

Säulen-, Torten- und Kurvendiagramme sind besonders dazu geeignet, Entwicklungen und Tendenzen zu verdeutlichen – man kann mit ihnen allerdings gewaltig manipulieren! Allein die Wahl eines Maßstabs bei einem Kurvendiagramm kann dessen Aussagen extrem beeinflussen: Je kleiner man den Maßstab auf einer der beiden Achsen wählt, desto größer werden die Ausschläge der Kurve.

Flussdiagramme (auch Organigramme genannt) machen Verlaufs- bzw. Entscheidungsprozesse grafisch sichtbar. Besonders die deutliche wie strukturierte Darstellung von Prozessen, bei denen an bestimmten Stellen zwei oder mehr Alternativen möglich sind, ist ihre Stärke.

Die einzelnen Komponenten müssen den Schülern nach und nach vorgestellt und ihr Einsatz eingeübt werden.

Zeitleisten

Zeitleisten erfüllen (nicht nur im Geschichtsunterricht) unterschiedliche Funktionen: Sie leisten einen wichtigen Beitrag zur Herausbildung **geschichtlichen Bewusstseins**. Schüler erhalten durch den Einsatz von Zeitleisten eine visualisierte Chronologie, bekommen so eine anschauliche Vorstellung von der historischen Einordnung eines Ereignisses und können einzelne Geschehnisse, die zunächst scheinbar unverbunden nebeneinander stehen, in eine Art Kontinuum stellen.

Zeitleisten können mit entsprechenden Kommentierungen zur Ergebnissicherung sowie als methodische Hilfe zur Erarbeitung selbst, z. B. im Rahmen einer Quelleninterpretation, herangezogen werden. Schließlich ermöglichen Zeitleisten auch ein **Wiederholen** und Zusammenfassen von größeren Zusammenhängen, etwa am Ende einer Unterrichtseinheit.

Probieren Sie Folgendes aus: Eine Zeitleiste hängt an der Klassenraumwand, die nur die Jahreszahlen der behandelten Epoche enthält. Die Schüler haben zu unterschiedlichen Schwerpunkten gearbeitet und dokumentieren ihre Arbeitsergebnisse an entsprechender Stelle auf dem Zeitstrahl. So entsteht eine Zeitleiste mit Daten und Fakten aus den individuell entwickelten Produkten und Sichtweisen.

3.8 Präsentationskompetenz

Das Kennen und Einsetzen unterschiedlicher **Präsentationstechniken** ist ein wichtiger Baustein im Bereich der Lernkompetenz. Der Schüler lernt, sowohl seine Fachkenntnisse als auch seine eigenen Interessen und Forderungen angemessen darzustellen. Gleichzeitig erweitert er seine Kenntnisse im Bereich des Recherchierens, Formulierens und Argumentierens, wenn er „sein Thema" in eine angemessene Präsentation umsetzen will.

Folgende Fragen zur Vorgehensweise haben sich in der alltäglichen Praxis als hilfreich erwiesen:

1. Welche Inhalte sollen präsentiert werden? Welches Ziel hat die Präsentation (Zielgruppe benennen)?
2. Welche Präsentationsform wird dazu gewählt?
3. Welche Rahmenbedingungen (Raum, Geräte) sind dafür nötig?
4. Welche Materialien brauche ich?
5. Wie viel und welchen Text soll die Präsentation beinhalten?
6. Sind Visualisierungen und/oder Inszenierungen geplant?
7. Werden Mitwirkende einbezogen?
8. Soll ein schriftliches Ergebnis verteilt werden?

Bei Präsentationen, die allein, in Zweier- oder größeren Gruppen stattfinden, fließen die persönlichen Vorlieben und Fähigkeiten fast automatisch in die Arbeit mit ein.

Präsentationen sind mittlerweile die am häufigsten in den Schulen eingesetzten Präsentationstechniken. Ausgehend von der Textverarbeitung auf dem PC werden Folien erstellt und grafisch gestaltet, um sie als Grundlage (Spickzettel) für einen Vortrag zu nutzen.

Inhaltlich und optisch gelungene Präsentationen brauchen viel Übung

Es geht also nicht darum, den eigenen Vortrag, das Referat als kompletten Text auf die Folien zu schreiben, sondern darum, die **wichtigsten Aspekte**, Thesen oder Schwerpunkte noch einmal bildhaft zu veranschaulichen (Konzentration auf das Wesentliche).

Durch grafische und bildhafte Gestaltung und Zuordnungen werden die Darstellungen verstärkt und untermauert. Das Einsetzen von Präsentationen sollten die Schüler systematisch ab der fünften Klasse erlernen, sodass in den höheren Jahrgängen der professionelle Umgang damit gewährleistet wird.

Nicht nur die rhetorischen Fähigkeiten und die Beherrschung des Themas spielen für die Präsentation eine große Rolle, sondern auch die Routine bei der Koordination von Vortrag und Steuerung der Folien. Die Vorgehensweise bei der Präsentation orientiert sich an den allgemeinen oben erwähnten Fragen. Zusätzlich kommen folgende Aspekte dazu:

1. Foliengestaltung: Textgröße, Textumfang, Visualisierungen
2. Foliensteuerung: Anzahl, Tempo, Eigen-/Fremdregie
3. Inszenierung, Gestik, Mimik, Rhetorik
4. Testlauf mit PC und Beamer
5. Ausstieg

Folgende Empfehlungen (siehe Seite 112) für Präsentationen mit PowerPoint haben wir von Elke Spichalski übernommen. Auf ihrer Website www.einfachpcweb.de finden Sie weitere nützliche Informationen ebenso wie in dem Buch von Matthias Pöhm (Pöhm 2006), auf das einige der Empfehlungen zurückgehen.

Vorgehen	Grund
Erst Vortrag ausarbeiten, dann in Folien umsetzen.	Sonst: Gefahr der Verzettelung, endlose Folienmengen, Vortrag ohne Argumentation, Höhe- und Schlusspunkt.
Das Design und die Farben passen zum Thema.	Farbgesetze beachten, die Farbgestaltung beeinflusst die Aussage; Kontraste beachten, am Beamer testen.
Folien bei einem Vortrag sind kein Textmedium.	Ebenso wenig wie der Fernsehbildschirm, die Kinoleinwand …
Wenn Text: Schrift serifenlos, 20 bis 30 pt, kontrastreich.	Lesbarkeit
Eine Botschaft pro Folie.	Mehr nimmt das Publikum nicht auf.
Zwei Sekunden Zeit zum Erfassen der Botschaft.	Sonst wird die Aufmerksamkeit zu sehr vom Vortragenden abgezogen und das Publikum rätselt …
Sofort Lust aufs Anschauen machen.	Eigentlich selbstverständlich: Jede gezeigte Folie sollte so wertvoll sein, sonst lässt man sie besser weg.
Eine Folie erklärt sich nicht selbst.	Nur das absolut Wichtige ist auf der Folie zu sehen; für die Erklärung gibt es den Präsentator.
Nur die Botschaft selbst erscheint auf der Folie.	Und nicht: Name, Institution, Datum, Logo, Witzbildchen usw.
Fotos sind aussagekräftig und von guter Qualität.	Nur Fotos, die wirklich etwas aussagen! Keine Fotos, die eigentlich ganz gut dazu passen … Qualität vorher am Beamer testen. Ganz wichtig: Bildrechte beachten.
Keine Folienübergänge.	Wozu sollen die gut sein?
Diagramme erscheinen nicht sofort komplett.	Hier ist einer der wirklich großen Vorteile von PowerPoint.
Texte nicht vorlesen!	Denn das Publikum kann schneller lesen, als der Präsentator sprechen kann, und fühlt sich leicht veralbert.

3.9 Kontrolltechniken

Die Einbeziehung der Schülerselbstdiagnose bzw. Schülerselbsteinschätzung in die schulische Unterrichtspraxis ist insbesondere beim selbstverantwortlichen Lernen geboten. Im Kern geht es dabei um eigenes Reflektieren der Schüler über ihre Arbeits- und Lernprozesse sowie über ihre Leistungen. Vollständig geführte Berichtshefte, Lerntagebücher und Portfolios sind dafür bewährte Instrumente, die durch Schülerporträts, Cluster und Lernplakate ergänzt werden, mit denen der Lernstand, das methodische Knowhow und die Lernstrategien eines Schülers ermittelt werden können.

Vor der eigentlichen Arbeit mit Kompetenzrastern, Themen- und Lernplänen oder Lernlandkarten sollte nach unseren Erfahrungen eine Phase geschaltet werden, in der den Schülern ihre individuellen Eigenarten und **Selbstwahrnehmungen bewusst gemacht** werden.

Schülerporträts erstellen lassen

Deswegen lassen wir zu Beginn eines Schuljahres oder bei Übernahme einer neuen Klasse Schülerporträts oder -steckbriefe erstellen. Jeder Schüler notiert die Dinge, die ihm wichtig sind. Zu Beginn des nächsten Schuljahres können diese Porträts überarbeitet, ergänzt oder auch neu erstellt werden. So ergibt sich eine kontinuierliche Selbstbeschreibung/Selbstdarstellung der Schüler im Laufe der Schulzeit. Veränderungen werden bewusst wahrgenommen und Bilder und Fotos zeigen auch optisch die Entwicklung auf – sehr zum Spaß der Schüler.

Mindestens zweimal pro Schuljahr schätzen die Schüler ihr Lern- und Arbeitsverhalten, ihre Selbstständigkeit und ihre Lerngewohnheiten mithilfe eines Selbsteinschätzungsbogens ein. Diese Selbsteinschätzung gelingt mit Einstieg in die Sekundarstufe nicht immer, sie wird aber bei regelmäßigem Einsatz von Schuljahr zu Schuljahr besser und damit realistischer. Die Schüler erfahren, dass die Selbsteinschätzung eine gute Diagnose ist, um aus den eigenen Fehlern zu lernen und um die eigene Lernentwicklung und den -fortschritt zu erkennen und festzuhalten. Daraus leiten sie Konsequenzen für die weitere Lernarbeit ab.

Wir legen für jeden Schüler ein **Portfolio** an, in dem alle Porträts und Selbsteinschätzungen gesammelt werden (siehe Kapitel 4). So lässt sich der Lernverlauf gut und inhaltlich strukturiert nachvollziehen – nicht nur für den Schüler, sondern auch für die Eltern und für uns Lehrer. Lehrer der nachfolgenden Jahrgänge schätzen ebenfalls diese schriftlich fixierten Einschätzungen als Grundlage für ihre Arbeit.

Wir arbeiten am liebsten mit Checklisten und Logbüchern und möchten Ihnen diese beiden Instrumente genauer vorstellen.

Checklisten

Checklisten können im schulischen Alltag unter drei Aspekten eingesetzt werden:

1. Check-in

Es werden alle Lernvoraussetzungen zu einem Thema oder Fachbereich aufgelistet, auf deren Grundlage ein Eingangstest mit dem einzelnen Schüler durchgeführt wird. So kann sich der Unterricht möglichst dicht an den individuellen Lernvoraussetzungen der Schüler orientieren. Diese Form der Checkliste als Check-in dient ausschließlich der selbst durchgeführten Eingangsdiagnose.

2. Begleitung

Eine Checkliste begleitet die Schüler bei der Arbeit mit den Kompetenzrastern. Auf dem Bogen wird die Selbsteinschätzung eingetragen (im Regelfall auf vier Stufen). In der letzten Spalte sind die Aufgaben auf unterschiedlichen Niveaustufen festgehalten, die entsprechend der einzelnen Niveaustufen auf dem Kompetenzraster bearbeitet werden müssen.

3. Check-out

Diese Checklisten werden am Ende einer Lerneinheit eingesetzt. Sie ermöglichen dem Schüler, seinen momentanen Leistungsstand in Bezug auf die Niveaustufe aus dem Kompetenzraster oder auf die Kompetenzen eines Faches oder Fachgebietes einzuschätzen. Er kann für die Vorbereitung auf die Leistungsüberprüfung gezielt die Bereiche durch Trainingsaufgaben wiederholen, in denen er sich noch nicht sicher fühlt (individuelle Förderung/Forderung).

Checkliste – Leitidee Daten und Zufall

Grundlage: Kompetenzraster Mathematik
G = Grundanforderung
E = Erweiterte Anforderung
! = Besondere Bemerkungen
A = Aufgabe

G	Ich kann …	Ich trainiere …	!	☺	😐	☹
1	Ich kann eine Strichliste anlegen, ausfüllen und daraus Informationen entnehmen.	Mathebuch S. 7: A 2 Mathebuch S. 8: A 6 Arbeitsheft S. 6: A 1, 2				
2	Ich kann eine Häufigkeitstabelle anlegen, ausfüllen und Informationen entnehmen.	Mathebuch S. 8: A 4, 7, 8 Arbeitsheft S. 7: A 4, 5				
3	Ich kann zu den Werten einer Häufigkeitstabelle ein Säulendiagramm zeichnen.	Mathebuch S. 10: A 4, 5, 6 Arbeitsheft S. 8: A 1 Arbeitsheft S. 12: A 3				
4	Ich kann zu den Werten einer Häufigkeitstabelle ein Balkendiagramm zeichnen.	Mathebuch S. 9: A 1, 2 Arbeitsheft S. 8: A 1, 3 Arbeitsheft S. 12: A 4				
5	Ich kann das Koordinatensystem und die Säulen oder Balken eines Diagramms sauber und richtig zeichnen.	Arbeitsblatt Nr. 2 Arbeitsheft S. 9: A 5				
6	Ich kann mir eigene Fragen zu einem Diagramm ausdenken und beantworten.	Arbeitsblatt Nr. 1, 2, 6				
7	Ich kann Fragen zu einem Diagramm beantworten.	Mathebuch S. 10: A 3, 7 Arbeitsheft S. 8: A 3 Arbeitsheft S. 9: A 4 Arbeitsheft S. 12: A 1, 2 Arbeitsblatt Nr. 6				
8	Ich kann einen eigenen Fragebogen entwerfen.	Arbeitsblatt Nr. 5 Mathebuch S. 8				
9	Ich kann eine Umfrage durchführen und selbstständig auswerten.	Arbeitsblatt Nr. 2				
10	Ich kann die Antworten einer Befragung sinnvoll ordnen.	Arbeitsblatt Nr. 3, 4 Mathebuch S. 11: A 5 Arbeitsheft S. 6: A 3				

Erweitertes Niveau

E	Ich kann …	Ich trainiere …				
1						
2						
3						
4						

Logbuch

Logbücher sind Instrumente, mit denen der individuelle Lernprozess eines Schülers begleitet, geplant, überwacht und reflektiert wird. In regelmäßigen Abständen und über vereinbarte, festgelegte Zeiträume werden **Selbstwahrnehmungen** und -beobachtungen in ein Logbuch eingetragen und ausgewertet. Dafür eignet sich eine DIN-A4-Kladde, ein Heft oder ein Ordner, in denen die Eintragungen gesammelt werden.

Beispiele für Logbücher gibt es sicher sehr viele. Wir haben eine Möglichkeit (siehe Seite 117) ausgewählt, mit der man gut einsteigen kann (eine DIN-A5-Seite pro Woche).

Logbücher müssen regelmäßig geführt werden

Die Entwicklung selbstverantwortlichen Lernens kann mithilfe eines Logbuchs ideal unterstützt werden. Der Einsatz hängt von folgenden Bedingungen ab:

Der Schüler benötigt Zeit, d. h. bestimmte kurze Phasen im Unterricht, in denen er sein Lernen planen, reflektieren und entsprechende Notizen eintragen kann. Je jünger und unerfahrener die Schüler sind, umso mehr Zeit brauchen sie dafür – sie müssen den Umgang mit dem Logbuch lernen.

Alle beteiligten Personen (Lehrer, Eltern, Schüler) müssen im Vorfeld ausführlich über den Einsatz und die Ziele der Logbucharbeit informiert werden.

Beratungsgespräche über die Logbucheinträge und damit über erreichte oder nicht erreichte Ziele zwischen Lehrer und Schüler sollten stets **konkrete Ziele** verfolgen und mit **Lernvereinbarungen** verbunden werden. Im Mittelpunkt steht das Wohl des Schülers.

Der Schüler formuliert seine Ziele für einen bestimmten Zeitraum (Woche, Tag) selber – hilfreich sind zu Beginn Anregungen durch den Lehrer oder konkrete Formulierungshilfen.

► S. 118

Klasse: Datum:

LOGBUCH

Name: ______________________________

Das will ich lernen.
Das habe ich gelernt.
Das kann ich gut.
Da habe ich Probleme.

Notiere zu jedem Stichwort in der linken Spalte, was dir dazu am betreffenden Tag einfällt.

	Mo	Di	Mi	Do	Fr
Lernbüro					
Workshops **1.** **2.** **3.**					
Projekt „Wir lernen uns kennen"					

Meine Arbeitshaltung:

Mein Wochenziel:

Darauf bin ich stolz:

Daran muss ich denken:

Wochenfeedback:

Die Ziele können sich auf die fachinhaltlichen Aspekte, auf das Lern- und Arbeitsverhalten, auf angestrebte Lernziele, aber auch auf das Sozialverhalten beziehen.

Der Einsatz von Logbüchern bedeutet im ersten Schritt für den Lehrer eine höhere Arbeitsbelastung. Deshalb ist es wichtig, regelmäßig den Einsatz zu hinterfragen und zu evaluieren. Folgende Kriterien haben sich dabei bewährt:

- Wie wirkt sich das Logbuch auf die Selbstverantwortung der Schüler aus?
- Wie viel Zeit benötigen die Schüler zum Eintragen in das Logbuch?
- Wie wirken sich die Beratungsgespräche auf das Lernverhalten der Schüler aus?
- Werden die verabredeten Lernvereinbarungen und Maßnahmen vom Schüler umgesetzt und sind sie effektiv?
- Wie verändert sich das Lernklima in der Lerngruppe?

Gleich mal ausprobieren: Logbuch für den Lehrer

Ein Logbuch ermöglicht auch der Lehrkraft eine strukturierte **Selbstbeobachtung** über einen längeren Zeitraum nach zuvor festgelegten Fragen. Wenn Sie allgemeine Leitsätze zur optimalen Schülerunterstützung im Lernprozess oder in der Persönlichkeitsentwicklung formuliert haben, können Sie Ihren eigenen Unterricht daraufhin überprüfen. Die Fragen, welche Ihr Logbuch strukturieren, können dabei als Kriterien oder als direkt beschreibbare Indikatoren formuliert sein.

Im Anschluss finden Sie zur Anschauung ein Beispiel (siehe Seite 119). Entwickeln Sie Ihr eigenes Logbuchformular, das am besten zu Ihrem Unterricht und zu Ihnen passt. Legen Sie für sich fest, in welcher Klasse oder in welchem Fach Sie die Selbstbeobachtung für welchen Zeitraum durchführen möchten. Versuchen Sie, sich direkt nach jeder Stunde fünf Minuten Zeit für das Ausfüllen des Logbuchs zu nehmen. Wenn Sie zunächst Stunden auswählen, die direkt vor einer großen Pause liegen, fällt das leichter.

Lernkompetenz-Curriculum

Wir haben die Erfahrung gemacht, dass es für jede Schule sinnvoll und nützlich ist, ihr eigenes Lernkompetenz-Curriculum zu entwickeln. So erhalten die Schüler einen Überblick, welche Lernkompetenzen sie in welchen Fächern und in welchem Jahrgang entwickeln können (Transparenz).

▶ S. 122

Datum:

Mein Lehrer-Logbuch

1. Welche Erwartungen habe ich an meinen individualisierenden Unterricht?	
2. Was sind meine zwei Stärken, was meine zwei Schwächen in Bezug auf die zehn Merkmale guten Unterrichts?	
3. Auf welche Merkmale will ich im Unterricht besonders achten und welche Konsequenzen ziehe ich aus meinen Beobachtungen?	
4. Welche Instrumente scheinen mir besonders geeignet, um selbstverantwortliches Lernen zu initiieren?	
5. Welche Feedbacks haben mir meine Schüler/innen gegeben?	
6. Was nehme ich mir für das nächste Unterrichtsthema vor, damit jeder einzelne Schüler optimal lernen kann?	

Curriculum Lernkompetenzen

Kompetenzen	Jg 5	Jg 6
Arbeitstechniken Strukturierungstechniken Planungstechniken Mnemotechniken	Mindmap (E), Heft- und Mappenführung (alle), Strategien zum Auswendiglernen (D, E)	Ländersteckbrief (EK)
Lesekompetenz Lesetechniken Exzerpieren Tabellen und Grafiken	Lesetechniken (D), Diagramme, Tabellen, Grafiken lesen und auswerten (M)	
Schreibkompetenz Protokoll Bewerbung Praktikumsbericht	Versuchsprotokoll (NW)	
Gesprächskompetenz Moderation Streitgespräch Debatte	Diskussion, Streitgespräch, argumentieren (D, E, M, GE)	
Medienkompetenz Geräte PC-Führerschein PC-Programme	PC-Führerschein (alle)	PC-Führerschein Excel (alle), Plakate gestalten (NW, EK, D)
Recherchekompetenz Nachschlagewerke Internet Erkundung	Erkundung vor Ort (GE)	Umgang mit Nachschlagewerken und Bibliotheken (D)
Visualisierungskompetenz Plakat Zeitleiste Experiment	Diagramme und Tabellen erstellen (NW), Arbeit mit Modellen (NW)	Experimente und Arbeit an Modellen (M)
Präsentationskompetenz Referat/Vortrag Szenische Darstellung	Rollenspiele (D), OHP-Präsentation (M)	Buchvorstellung (D), Kurzpräsentation (EK)
Kontrolltechniken Checkliste Selbsteinschätzung Logbuch	Checkliste (M), Logbuch (M), Selbstevaluation – Portfolio (E)	Überarbeitung eines Textes (D), Fremdevaluation durch Mitschüler (alle)

Jg 7	Jg 8	Jg 9 und 10
Handbuch zum TR-Einsatz entwickeln (MA), Arbeit mit zweisprachigem Wörterbuch (E, F)		
Karikaturen interpretieren (G)	Lesetagebuch (D)	
Unterrichtsprotokoll (D)		Bewerbung (D), Praktikumsbericht (GE)
Mehrschrittige Argumentationsketten (M)	Kompensationsstrategien (F, E)	Debatten (GE, D)
PC-Führerschein PowerPoint (alle), Umgang mit Notationsprogrammen (MU), Einführung des TR (M)	Internettexte, Texte am PC überarbeiten (D)	Einstieg in die Filmanalyse (D, E), Medienanalyse (GE)
Einführung in Word/Excel (KU)	Meinungsumfrage (GE)	
Kausalketten darstellen und entwickeln (EK)	Zeitleisten (F, E)	
Szenen präsentieren, Standbilder (D), PowerPoint (alle)	Plakate und Flyer gestalten (D, KU)	
Textlupe (D)		

Die Lehrer vereinbaren, welches Fach welche Lernkompetenz einführt, und die anderen Fächer setzen dann – je nach Fachcurriculum – diese Kompetenzen fort.

Die Tabelle auf den Seiten 120 f. kann Ihnen helfen, solch ein Kompetenzcurriculum zu entwickeln.

Eine Variante dazu – die wir im 2. Kapitel auf Seite 42 vorgestellt haben – ist die Arbeit mit Methoden-Kompetenzrastern. Die Schüler schätzen (sich) ein, auf welcher Stufe sie starten, und bearbeiten dann die entsprechenden Methodentrainings wie auch bei den Fach-Kompetenzrastern.

Die Lernbegleitung: individuelle Lernentwicklung dokumentieren

4

Wir zitieren hier aus dem entsprechenden Erlass des Niedersächsischen Kultusministeriums (Nds-RdErl. d. MK v. 03.02.2004); für die anderen Bundesländer gelten ähnliche **Verordnungen**:

Aus dem Erlass des Niedersächsischen Kultusministeriums

„Die Dokumentation der individuellen Lernentwicklung fügt sich zusammen mit anderen neuen Instrumenten (Bildungsstandards, Kerncurricula, Vergleichsarbeiten, Inspektion) in ein System zur Verbesserung der Qualität von Unterricht ein. Die Schulen erarbeiten in ihren Konferenzen auf der Grundlage der verbindlichen Kerncurricula schuleigene Arbeitspläne und Förderkonzepte. Darüber hinaus sind die Beobachtungen zum jeweiligen Stand der individuellen Lernentwicklung der Schülerin und des Schülers als Teil der Dokumentation Ausgangspunkt für die Planung des Unterrichts in den einzelnen Klassen.

In der Dokumentation der individuellen Lernentwicklung wird der individuelle Lernprozess festgehalten und fortgeschrieben. Ein fachlich ausgerichtetes Portfolio kann hierzu eine sinnvolle Ergänzung bilden. Mithilfe des Portfolios können Schülerinnen und Schüler ihren eigenen Lernfortschritt betrachten, reflektieren und kommentieren. Die Leistungsüberprüfung und -bewertung und die Dokumentation ergänzen einander:

- […]
- Die **Dokumentation** erfasst prozessual die Entwicklung individueller Lernstände einer Schülerin oder eines Schülers. Sie erfasst die individuellen Entwicklungspotentiale und die Lernentwicklung und verfolgt u. a. das Ziel, durch entsprechende Unterrichtsplanung Lernangebote und Lernstände miteinander abzustimmen. Dabei bezieht sie auch überfachliche Qualifikationen der Schülerinnen und Schüler ein.
- […]

Die Dokumentation enthält Aussagen

- zur Lernausgangslage,
- zu den im Planungszeitraum angestrebten Zielen,
- zu den Maßnahmen, mit deren Hilfe die Ziele erreicht werden sollen, und

- zur Beschreibung und Einschätzung des Fördererfolgs durch die Lehrkraft sowie durch die Schülerin oder den Schüler."

Welche **Form** die Dokumentation hat, bleibt den Schulen überlassen. Allerdings sollte innerhalb einer Schule eine einheitliche Form Verwendung finden, die aussagekräftig und mit geringem Aufwand verbunden ist. Meist werden tabellarische Übersichten eingesetzt. Entweder bestimmt ein Kollegium gemeinsam die Kriterien oder man einigt sich auf frei formulierte Einträge. Allerdings erlauben kurze, kriterienbezogene Notierungen eher, dass sich leichter Klassenübersichten erstellen lassen. Schließlich sind statt der Tabellen auch längere Fließtexte zu bestimmten Beobachtungen denkbar, die aber aufwändiger in der Erstellung und der Auswertung sind.

Für jedes Kind soll es **von der ersten bis zur zehnten Klasse** eine Dokumentation seines Lernweges geben. Darum ist eine Abstimmung zwischen den Schulen unerlässlich, damit die Informationen für alle nachvollziehbar sind. Am besten spricht man sich mit den Kollegen der anderen Schulen ab und verwendet vergleichbare Dokumentationsverfahren.

In der Dokumentation werden, soweit erforderlich, **Verabredungen** zu Zielen und zur Umsetzung der Ziele festgehalten. Ein langfristiger Austausch zwischen Lehrern und Eltern soll gewährleisten, dass ein Kind aus verschiedenen Perspektiven und möglichst umfassend wahrgenommen wird. Die Lehrkräfte sind verpflichtet, die Erziehungsberechtigten über die Entwicklung ihres Kindes in der Schule, über sein Lern-, Arbeits- und Sozialverhalten sowie über Lernerfolge und Lernschwierigkeiten zu unterrichten. Andererseits können Eltern in regelmäßigen Gesprächen wertvolle Hinweise zur Situation des Kindes, zu seinen Stärken und Schwierigkeiten geben. Gemeinsam können so Zielvorstellungen entwickelt werden.

4.1 Lernportfolio

Jeder Schüler führt mit Beginn des Eintritts in die Sekundarstufe I ein individuelles Lernportfolio. Dieses besteht aus einem DIN-A4-Ordner, in dem nach folgender Auflistung (siehe Seite 125) die entsprechenden Dokumente jeweils einmal oder mehrmals pro Schuljahr eingeheftet werden:

Inhalt	Pro Hj.	Pro Schj.
1. Schülerporträt		X
2. Selbsteinschätzungsbogen • zum Lernverhalten • zum Arbeitsverhalten • zur Selbstständigkeit	X	
3. Standardisierte Tests • HSP (Hamburger Schreibprobe) • HAWIK III (Hamburg-Wechsler-Intelligenztest) • Münsteraner Rechtschreibanalyse		X
4. Curriculare Tests (Check-in) • Deutsch • Mathe • Englisch	XXX	
5. Lernpläne • Kompetenzraster • Lernlandkarten • Arbeitspläne • Themenpläne • Lernlandschaften • Förder-/Forderpläne	XXX	
6. Lerntests • Checkliste • Check-out • Mindmaps • Cluster	XXX	
7. Kompetenztests • Leistungskontrollen • Klassenarbeiten • Klausuren • Tests	XXX	
8. Lernbeobachtungsbögen • Selbsteinschätzung • Mitschülereinschätzung • Lehrereinschätzung	XX ...	
9. Lernbegleitung • Logbuch • Portfoliobrief • Lernvereinbarungen		
10. Feedback • Protokoll • Gesprächsnotiz • Bericht		

1. Schülerporträt

Die Dokumentation beginnt mit einem Selbstporträt (Steckbrief) als erstem Schritt zur Selbsteinschätzung des Schülers. Hier notiert er jeweils zu Schuljahresbeginn seine **Stärken** und **Interessen** (in Bezug auf den Unterricht, seine Hobbys, seine Vorlieben usw.). Wichtig ist, dass sich eine Schule auf bestimmte Aspekte einigt, die dann in jedem Jahrgang wieder erhoben werden – nur so lässt sich eine Entwicklung (roter Faden) darstellen. Die Schülerporträts sollten nicht mehr als eine Seite umfassen, damit man sie nebeneinander legen kann. Bei der Verabschiedung der Schüler am Ende der Schulzeit gibt es immer ein großes Hallo, wenn die Jugendlichen ihre Bilder aus den letzten Jahren und ihre Entwicklung betrachten – sehr zur Freude aller.

2. Selbsteinschätzung

Das zweite Blatt im individuellen Lernportfolio ist die Selbsteinschätzung der Schüler zum **Lern- und Arbeitsverhalten**, zur Selbstständigkeit und zu ihren Lerngewohnheiten. Diese Selbsteinschätzung führen sie einmal pro Halbjahr durch. Im Vergleich mit den vorigen Bögen stellen sie Veränderungen fest und aktualisieren ihre Ziele für das folgende Halbjahr. Diese werden schriftlich im Logbuch oder in einem Portfoliobrief festgehalten. Zu regelmäßig festgesetzten Zeiten besprechen die Schüler mit dem Lehrer, wie weit sie ihre Ziele erreicht haben, was gut und was nicht geklappt hat.

3. Standardisierte Tests

Auch die **Auswertungen** von standardisierten Testverfahren, die die Lernvoraussetzungen der Schüler feststellen, gehören ins Lernportfolio. Das ist ursprünglich nicht vorgesehen, aber wir haben die Erfahrung gemacht, dass die Schüler zum einen an den über sie erhobenen Daten sehr interessiert sind und diese Kenntnisse zum anderen konkrete positive Auswirkungen auf ihr Lernverhalten hatten.

4. Curriculare Tests

Damit wir für unsere Unterrichtsvorbereitung genauer einschätzen können, mit welchen Lernvoraussetzungen die Schüler in den Unterricht kommen, führen wir entsprechende **Tests** oder Abfragen durch. So gelingt es uns, das unterschiedliche Vorwissen bei der Planung und Umsetzung zu berücksichtigen – das ist z. B. für den Einstieg oder bei der Entwicklung von Arbeitsmaterialien wichtig.

In neueren Schulbüchern findet man vergleichbare Elemente. Vor einer neuen Einheit oder zu Beginn eines neuen Themas wird z. B. gefragt: Was weißt du schon zum Thema „Märchen“? Welche Märchenfiguren kennst du? Welche Märchen hast du schon gelesen?

Durch das Aktivieren bereits vorhandener Kenntnisse ist der Schüler deutlich besser in der Lage, das neue Wissen mit dem alten zu vernetzen und es im Langzeitgedächtnis zu speichern.

5. Lernpläne

Lernpläne in Form von Kompetenzrastern, Förder- oder Forderplänen begleiten das **individualisierte Lernen** der Schüler. Die Schüler dokumentieren selbst durch Punktevergabe auf ihren Rastern, durch ihre Arbeitsergebnisse oder durch die Umsetzung der Förderpläne, wie weit sie gekommen sind und wie sie gearbeitet haben. Durch individuelle Lernpläne können die Schüler gezielt gefordert und gefördert werden.

6. Lerntests

Lerntests begleiten das Lernen der Schüler als **Selbsteinschätzungsinstrument** vor einem Thema, bieten andererseits konkrete Trainingsmöglichkeiten und weisen auf Aufgabenmaterial hin, mit dem die Schüler arbeiten können. In den meisten neueren Schulbüchern finden Sie diese Checklisten bereits. Lerntests können auch am Ende einer Einheit den Schüler dazu veranlassen, die erworbenen Kenntnisse noch einmal einzuschätzen und Probleme durch die konkreten Trainingsaufgaben zu beseitigen (individuelle Förderung/Forderung).

Nach unseren Erfahrungen sollten die Lerntests nicht umfangreicher als eine Seite sein, sonst lieber splitten.

7. Kompetenztests

Das siebte Blatt gehört jeweils zur Lernstandserhebung bzw. **Leistungsmessung**. Hier kann der Schüler zeigen, welche Lernfortschritte er gemacht hat.

8. Beobachtungsbögen

Regelmäßige systematische Beobachtungen unterstützen und begleiten den Lernprozess der Schüler. Wir arbeiten mit altersspezifischen Beobachtungsrastern oder mit Tabellen zum Ankreuzen. Auffälligkeiten werden so schnell erkannt und dokumentiert. Es gibt Bogen zur **Selbstbeobachtung** oder zur **Fremdbeobachtung** durch Lehrer oder Mitschüler. Wenn die Schüler sich selbst oder ihre Mitschüler beobachten und einschätzen sollen, brauchen sie selbstverständlich eine entsprechende Einführung und Erläuterung, wofür dies gut sein soll, damit ehrliche Antworten gegeben werden und kein Anschein von Anschwärzen aufkommt.

9. Lernbegleitung

In dieser „Abteilung" werden die ausgefüllten Logbücher, Lerntagebücher oder Portfoliobriefe gesammelt, mit denen der Schüler sein eigenes Lernen begleitet.

10. Feedback

Die schriftlichen **Rückmeldungen** der Lehrer auf die Leistungen eines Schülers enthalten wertvolle Hinweise und Hilfen für die individuelle Lernentwicklung. Hier im individuellen Lernportfolio sind sie jederzeit für Eltern und Lehrer einsehbar und bilden die Grundlage für die Diskussionen über den individuellen Lernweg.

Regelmäßige Besprechung der Portfolios nötig

Das individuelle Lernportfolio wird regelmäßig mit den Schülern besprochen und es werden individuelle konkrete Vereinbarungen getroffen. Bei **Elternsprechtagen** bildet das Portfolio eine gute Gesprächsgrundlage; das gilt auch für Zeugniskonferenzen, Tischgruppenabende usw. Während der halbjährlich stattfindenden Schülersprechtage tauschen sich die Schüler ebenfalls auf der Grundlage ihres Lernportfolios mit ihren Fachlehrern über ihren momentanen Entwicklungsstand und die weiteren Ziele aus.

Für sein eigenes Portfolio ist jeder Schüler selbst verantwortlich. Er sammelt alle schriftlichen Arbeiten, die Rückmeldungen der Fach- und Klassenlehrer, führt ein Inhaltsverzeichnis und ordnet alle Einlagen.

Die DIN-A4-Ordner stehen im Klassenraum, wenn möglich in einem verschlossenen Schrank, und werden vom Lehrer herausgegeben. So ist gewährleistet, dass kein Ordner verschwindet und jeder Schüler nur Zugriff auf seine eigenen Unterlagen hat.

4.2 Feedback

In jeder Klasse sollte nach und nach eine sinnvolle Feedback-Kultur eingeführt werden, damit dieses wichtige Instrument auch wirken kann.

Mündliches Feedback

Feedback soll in einer angemessenen Situation stattfinden (Atmosphäre, Zeit, Raum, Teilnehmer) und stets auf eine Sache, nicht auf eine Person bezogen sein. Bevor ein Gespräch beginnt, brauchen alle Beteiligten den gleichen Informationsstand. Der Schüler muss wissen, wie der Lehrer z. B.

seine mündliche Leistung einschätzt, welche Ergebnisse er in den letzten Klassenarbeiten erzielt hat usw.

Gelingendes Feedback braucht Zeit. Verständnisprobleme oder unterschiedliche Einschätzungen müssen in Ruhe geklärt werden können. Da diese Situation in vielen Fällen sehr stressanfällig ist, braucht der Lehrer eine hohe kommunikative Kompetenz. Er muss sich in die Situation der Schüler hineinversetzen können, darf aber die Klarheit nicht zugunsten der Empathie aufgeben. Das ist häufig schwer durchzuhalten, weil sich die emotionale Spannung auch dann nicht so schnell abbaut, wenn die sachbezogenen Fragen geklärt sind. Ob eine erste Besprechungsphase der Schüler untereinander in Tandems oder Kleingruppen helfen kann, hängt von dem sozialen Klima, aber vor allem von der Bewertungs- und Rückmeldekompetenz der Schüler ab.

Verhaltensweisen für hilfreiches Feedback

Für ein hilfreiches Feedback sollte die Lehrerin bzw. der Lehrer diese Verhaltensweisen berücksichtigen:

- sich in die Situation des Schülers einfühlen,
- sich deutlich und nicht ironisch ausdrücken,
- sich an der Situation und an den Aufgaben/Zielen orientieren,
- mit dem Schüler im Voraus Vereinbarungen treffen,
- sich auf konkrete Handlungen beziehen,
- Gefühle in die Rückmeldung integrieren,
- voreilige Werturteile vermeiden,
- keine Vorurteile verbalisieren,
- Vorschläge machen, die für den Schüler unmittelbar realisierbar sind.

Die Rückmeldungen selbst müssen sachbezogen, wertfrei und hilfreich sein und und sich auf eine vorausgegangene Diagnose stützen.

Schriftliches Feedback

Schriftliches Feedback kann aus frei formuliertem Text bestehen (sehr zeitaufwändig, wenn jeder Schüler ein Feedback bekommen soll) oder standardisiert erfolgen. Der folgende **Feedbackbogen** wurde nach der Rückgabe einer Klassenarbeit ausgeteilt und macht hier als Beispiel deutlich, worauf es ankommt: Die Anforderungen müssen in möglichst deutliche Einzelleistungen zerlegt werden, damit der Schüler seine Ergebnisse genau einschätzen kann. Fehler werden nicht negativ hervorgehoben, sondern als weiterer Übungsbedarf spezifiziert.

► S. 131

Name: Klasse: Datum:

Auswertung der Lernkontrolle

Thema: Winkelberechnungen (Klasse 6)

Die angekreuzten Fähigkeiten und Fertigkeiten hast du gelernt und kannst sie anwenden.

- ☐ Du kannst die Größe eines Winkels richtig ausmessen und angeben.
- ☐ Du zeichnest angegebene Winkelgrößen richtig.
- ☐ Du berechnest die Größe eines Winkels richtig.
- ☐ Du bist in der Lage, einen Punkt auf einer Geraden festzulegen und in diesen Punkt an die Gerade Winkel anzutragen.
- ☐ Du ergänzt vorgegebene Winkelgrößen richtig.
- ☐ Du kennst Stufen- und Wechselwinkel.
- ☐ Du verstehst den Inhalt von Textaufgaben und übersetzt die Fachsprache in handlungsorientierte Anweisungen.
- ☐ Du bist in der Lage, mit Geodreieck, Zirkel, Lineal und Bleistift anschauliche Zeichnungen anzufertigen.
- ☐ Du setzt die Winkelbezeichnungen richtig ein.
- ☐ Du kennst die geometrischen Fachausdrücke und setzt sie richtig ein.
- ☐ Spezielle Winkelbezeichnungen gibst du in der richtigen Gradzahl an.
- ☐ Bestimmte Winkelgrößen benennst du mit ihrem Fachbegriff.

Was du unbedingt noch einmal wiederholen und üben solltest, ist hier angekreuzt (du findest die entsprechenden Übungen in den nächsten Wochen im Arbeitsplan):

- ☐ Wiederhole und übe das Ausmessen von Winkeln.
- ☐ Zeichne noch einmal unterschiedlich große Winkel zur Übung.
- ☐ Wiederhole die mathematische Fachsprache, damit du die Arbeitsaufträge verstehst.
- ☐ Informiere dich über Winkelgrößen in bestimmten Figuren und Körpern.
- ☐ Verbessere die Sorgfalt in deinen zeichnerischen Darstellungen.

Feedback zwischen Schülern

Feedback der Schüler untereinander ist ein sehr störanfälliger Prozess, der mit jüngeren Schülern sicherlich nicht auf Anhieb klappt. Da wird die **unbedingt notwendige Sachebene** nicht immer eingehalten und es kommt leicht zu persönlichen Angriffen und Kränkungen. Mit wachsender Routine wird das besser. Der folgende Feedbackbogen für die mündliche Leistung soll dafür ein Beispiel geben (siehe Seite 132).

Schülerfeedback für den Lehrer

Es ist sinnvoll und stärkt das Vertrauen zwischen Schülern und Lehrern, wenn auch das Verhalten von Lehrern im Unterricht, ihre Stärken und Schwächen ab und zu reflektiert und gemeinsam besprochen werden, um in Zukunft den Unterricht positiv weiterzuentwickeln. Dazu können direkte Fragen formuliert und von den Schülern in schriftlicher Form bearbeitet werden:

- Mit welchem Verhalten helfen Sie mir, gut zu lernen?
- Wodurch unterstützen Sie es, dass ich mich in der Gruppe wohl fühle?
- Welches Verhalten vermisse ich bei Ihnen? Was sollten Sie aus meiner Sicht öfter tun?
- Was erlebe ich als hinderlich für das Lernen bzw. für mein Wohlfühlen in der Gruppe?

Alternativ dazu kann man einen Fragebogen einsetzen, auf dem die Schüler Punkte vergeben sollen. Wir haben Schülern Hilbert Meyers „Zehn Merkmale für guten Unterricht" (Meyer 2004, 17 f.) vorgelegt und sie gebeten, auf dieser Grundlage sinnvolle Kriterien zu entwickeln, um Lehrern ein Feedback über die Qualität ihres Unterrichts zu geben. Das Ergebnis können Sie auf den Seiten 133 f. nachlesen.

Der Lehrer wertet zunächst allein das Ergebnis aus und gibt dann seinen Schülern eine Rückmeldung. Welche Konsequenzen aus den Ergebnissen gezogen werden, hängt von den Vereinbarungen mit den Schülern vor Einsatz des Feedbacks ab. Bestenfalls verändert der Lehrer seinen Unterricht entsprechend. Der Feedbackbogen lässt sich mehrmals einsetzen – auch zur eigenen Kontrolle – und macht dann die Verbesserungen/Verschlechterungen deutlich.

► S. 135

Klasse: Datum:

Feedbackbogen für die mündliche Leistung

von ______________________________

Bewertet von ______________________

	ja	nein
Meldet sie/er sich häufig?		
Hat sie/er die Hausaufgaben gemacht?		
Ist sie/er bereit, sie vorzutragen?		
Schaut sie/er seine Zuhörer beim Sprechen an?		
Fragt sie/er nach, wenn sie/er etwas nicht versteht?		
Vertritt sie/er ihre/seine Meinung mit Selbstbewusstsein?		
Verteidigt sie/er auch Meinungen, die sie/er nicht vertritt?		
Arbeitet sie/er gut in der Gruppe mit?		
Unterstützt sie/er schwächere Mitschüler?		
Kann sie/er anderen etwas gut erklären?		
Versteht man gut, was sie/er sagt?		

Lehrer/in: Klasse: Datum:

Feedback – zehn Merkmale für guten Unterricht

Für jedes Einzelmerkmal können 1 bis 4 Punkte vergeben werden.

1. Klare Strukturierung des Unterrichts	**Punkte**
Gibt der Lehrer einen Überblick über den Unterrichtsverlauf?	
Sind die Rollen eindeutig?	
Werden Regeln abgesprochen?	
Ist das Ziel des Unterrichts deutlich?	
2. Hoher Anteil an echter Lernzeit	
Kommt der Lehrer pünktlich?	
Behält er den Bezug zum Thema und schweift nicht ab?	
Hält er die geplante Zeit für Teilaufgaben ein?	
Setzt er deutliche Prioritäten bzw. differenziert er?	
Kann er Störungen vermeiden?	
3. Lernförderliches Klima	
Strahlt er konsequent eine Autorität aus?	
Verschafft er sich Respekt und werden die Regeln eingehalten?	
Verhält er sich gerecht?	
Sind die Meinungen von Schülern und Lehrer gleichwertig?	
4. Inhaltliche Klarheit	
Stellt er Themenzusammenhänge klar dar?	
Sind die Aufgabenstellungen verständlich?	
Verstehen die Schüler, welches Ziel er verfolgt?	
Sind Vorgaben und Darstellungen des Stoffes klar und verständlich?	
5. Sinnstiftendes Kommunizieren	
Gibt es genug Gelegenheit für die mündliche Beteiligung?	
Können Schüler sich ausreichend mit ihm besprechen?	

►

Lehrer/in: Klasse: Datum:

Feedback – zehn Merkmale für guten Unterricht

	Punkte
Ist Schülerfeedback gewünscht?	
Finden außerschulische gemeinsame Aktivitäten statt?	
6. Methodenvielfalt	
Werden viele verschiedene Materialien und Medien eingesetzt?	
Findet Gruppenarbeit statt?	
Werden Alternativen angeboten?	
7. Individuelles Fördern	
Wird auf mündliche Beiträge gut eingegangen?	
Macht der Lehrer Lernstände deutlich und gibt sie bekannt?	
Findet ein hohes Maß an individueller Förderung statt?	
Werden leistungsschwache Schüler integriert?	
8. Intelligentes Üben	
Werden Lernstrategien vermittelt?	
Gibt es positive Hilfestellungen beim Üben?	
Erhalten wir fördernde Übungsaufgaben?	
Empfinden wir unsere Übungsumgebung als freundlich?	
9. Transparente Leistungserwartung	
Bekommt jeder Schüler ausreichend Feedback?	
Orientiert sich der Unterricht am Leistungsvermögen der Schüler?	
Wird die Leistungserwartung deutlich?	
Sind Hilfen zur Vorbereitung der Leistungsüberprüfungen vorhanden?	
10. Vorbereitete Umgebung	
Sind alle benötigten Arbeitsmaterialien präsent?	
Ist das Lernwerkzeug angemessen?	
Gibt es eine sinnvolle Sitzordnung im Klassenraum?	

Höchstmögliche Punktzahl: 156 **Gesamtsumme Punkte:**

4.3 Leistungsbewertung

Mit den anspruchsvollen Lehr-/Lernarrangements, die der kompetenzorientierte individualisierende Unterricht erfordert, müssen auch die **Normen der Prüfungssysteme** und die sich darauf aufbauende Leistungsbewertung qualitativ entwickeln. Der Lernprozess und das Lernergebnis müssen in der Bewertung aufeinander bezogen werden. Leistungsbewertung im kompetenzorientierten Unterricht ist angemessen nur möglich, wenn folgende thematische Entwicklungsfelder und -ziele berücksichtigt werden:

- Rückmeldungen anpassen,
- Klarheit der Erwartungen: Kriterien und Ziele stärker verdeutlichen,
- kommunikative Validierung,
- Selbstbewertung integrieren,
- Gruppenleistungen bewerten,
- Aufgaben angemessen konstruieren,
- an Kompetenzen und Standards orientieren.

Sechs Bedingungen für gelungene Leistungsbewertungen

Folgende Bedingungen gelten für gelungene Leistungsbewertungen:

1. Leistungsbewertungen und Leistungsrückmeldungen sind integrierter Bestandteil der Lernarrangements. Sie sind nicht unabhängig von der Entwicklung des Lehrens und Lernens zu verändern.
2. Methodische Arrangements und Instrumente sind auf kommunikative Validierung ausgerichtet, sie erlauben den direkten Blick auf die Leistung.
3. Von den Lehrerinnen und Lehrern wird die Entscheidung über methodische Arrangements und Instrumente an den spezifischen Zielen orientiert, die in der Situation verfolgt werden. Dazu ist ein gemeinsames Verständnis der Nutzung des Kompetenzbegriffes vereinbart.
4. Die Wirksamkeit neuer Beurteilungs- und Rückmeldeformen ist abhängig von der Akzeptanz durch die Schülerinnen und Schüler. Die wiederum ist abhängig von der Akzeptanz des der Leistung zugrunde liegenden Unterrichts.
5. Leistungsrückmeldungen und die Kommunikation über Leistungen stehen in einem Zusammenhang mit Entscheidungen und Vereinbarungen über das zukünftige Lernen.
6. Von Schülern selbst vorgenommene Bewertungen (innere Rückmeldungen) sind der Kommunikation zugänglich und werden mit den äußeren Rückmeldungen in Bezug gesetzt.

Rückmeldungen anpassen

Schülerinnen und Schüler sollten verstehen können, welche Kriterien der Bewertung zugrunde liegen, und ein Verständnis dafür entwickeln, was eine Leistung zu einer guten Leistung macht. Das ist besonders dann wichtig, wenn zunehmend individuelle Arbeitsergebnisse zur Bewertung anstehen und damit nicht immer der unmittelbare Vergleich mit den Mitschülern möglich ist. Zu einer institutionalisierten Rückmeldekultur gehören:

- allgemeine und inhaltliche Korrekturbögen,
- Kommentierungen der Noten durch Bemerkungen zu den Lernfortschritten,
- Standardisierung von Rückmeldungen (Bausteine),
- Kommentierung der Kommentare durch die Schüler.

Klarheit der Erwartungen

Erfolgskontrolle und Leistungsbeurteilung bleiben auch im individualisierten Unterricht ein integrierter Bestandteil, werden aber stärker in der Planung berücksichtigt. Der Aufbau von Komplexität der Ziele in und zwischen den Lernfeldern wird so zu einer Planungsaufgabe, Zielklarheit zur zentralen Herausforderung. Dies erfordert, dass in der Planungsphase mit den Schülern gemeinsam die Kriterien erarbeitet werden (Kompetenzraster). Nach Abschluss der Übungsphasen wird dann ebenfalls gemeinsam geschaut: Woran könnten wir den Leistungsstand messen und erkennen? Musterlösungen oder Checklisten können dabei helfen, den individuellen Leistungsstand festzustellen.

Kommunikative Validierung

In der Regel werden Lehrer ihre Überlegungen hinsichtlich des konkreten **Beurteilungsverfahrens** und die Kriterien der Beurteilung vorstellen. Diese Überlegungen, die nun vor einer konkreten Anwendung stehen, werden detailliert erläutert und gemeinsam diskutiert.

Änderungsvorschläge und Verbesserungen, die aufgrund dieser Diskussion entstehen, sind soweit wie möglich einzuarbeiten.

Bei zunehmender Erfahrung und mit steigendem Alter können Schülerinnen und Schüler selbst bei der Erstellung der Kriterien mitwirken und Beurteilungen durchführen, z. B. durch Beobachtungen als Schülermitbeurteilung.

Schülerinnen und Schüler müssen im Detail verstehen, welche Leistung sie erbringen müssen, um die einzelnen Beurteilungskriterien zu erfüllen. Dies setzt detaillierte Überlegungen der Lehrkraft voraus, wie die jeweiligen

Kriterien feststellbar sind, wie sie bewertet werden und ob sie für Schülerinnen und Schüler verständlich formuliert sind.

Während des Unterrichts- und Beurteilungsprozesses werden immer wieder Reflexionsphasen eingefügt, sodass regelmäßig und gemeinsam über diesen Prozess nachgedacht und reflektiert werden kann. Unklarheiten können dann beseitigt, notwendige Veränderungen eingebracht und Erkenntnisfortschritte ermöglicht werden (vgl. GRUNDER/BOHL 2001, 46).

Selbstbewertung integrieren

„Selbstbeurteilung dient der Reflexion über eigene Arbeit und Leistung mit dem Ziel, das eigene Lernverhalten besser kennen zu lernen und dadurch kontrollierbarer zu machen." (GRUNDER/BOHL, 2001) Wir haben dazu bereits die passenden Instrumente vorgestellt:

- Lern- oder Arbeitsjournal
- Portfolio
- Selbsteinschätzung im Zusammenhang mit Gruppenbewertungen

Als Hilfsmittel dienen die Kompetenzraster, von denen bereits die Rede war.

Gruppenleistungen bewerten

Für die Qualität der Gruppenarbeit sind drei Faktoren entscheidend:

- Strukturierung der Gruppen durch Regeln (organisatorisch, zeitlich, inhaltlich, methodisch, ...),
- Berücksichtigung von Lern- und Arbeitsvoraussetzungen,
- Reflexion der Erfahrungen und Förderung der Teamfähigkeiten oder Arbeitstechniken durch Trainingselemente.

Gruppenleistungen fließen in gemeinsam geschaffene Produkte ein. An ihrer Bewertung sollte die Gruppe beteiligt werden. Wie kann dies angemessen und ohne Überforderung geschehen? Wir empfehlen diesen Ablauf:

Der Vorschlag zur Bewertung des Gruppenproduktes wird jeder Gruppe zur Stellungnahme vorgelegt und detailliert begründet. Die Gruppen diskutieren unabhängig vom Lehrer diesen Vorschlag. In ihrer anschließenden Stellungnahme sollen die Gruppen auch ihre Entscheidung für oder gegen eine gemeinsame Note für alle Gruppenmitglieder einbauen. Bewertet werden drei Bereiche:

- die Präsentation (Beteiligung, Lebendigkeit, Medieneinsatz),
- der Informationsgehalt (Richtigkeit, Aktualität),
- das Journal (Vollständigkeit, Reflexivität).

In das Bewertungsverfahren fließen die Selbstbewertung bzw. der Bewertungsvorschlag durch die Gruppe mit ein.

An Kompetenzen und Standards orientieren

Inhaltliche Standards beschreiben, was Lehrpersonen unterrichten und was Schülerinnen und Schüler lernen müssen. Sie beschreiben klar und eindeutig die aufzubauenden Kompetenzen und das zu erreichende Wissen.

Mindest- oder **Minimalstandards** beziehen sich dabei auf ein definiertes Minimum an Kompetenzen, das alle Schülerinnen und Schüler zu einem vorher festgelegten Zeitpunkt in ihrer Schullaufbahn erreicht haben müssen. **Regelstandards** beschreiben Kompetenzen, die im Durchschnitt, „in der Regel", von den Schülerinnen und Schülern einer Jahrgangsstufe erreicht werden sollen. **Exzellenz- oder Maximalstandards** beziehen sich darauf, was die besten Schülerinnen und Schüler der jeweiligen Jahrgangsstufen können sollten.

Bildungsstandards formulieren Anforderungen an das Lehren und Lernen in der Schule. Sie benennen Ziele, ausgedrückt als erwünschte Lernergebnisse der Schülerinnen und Schüler und konzentrieren sich auf Kernbereiche eines bestimmten Faches. Sie decken nicht die ganze Breite eines Lernbereiches ab, legen aber verbindlich fest, über welche Kompetenzen ein Schüler verfügen muss, wenn wichtige Ziele der Schule als erreicht gelten sollen. Die Kompetenzen werden so konkret beschrieben, dass sie in Aufgabenstellungen umgesetzt werden können und das Kompetenzniveau, das Schülerinnen und Schüler erreicht haben, zuverlässig erfasst werden kann (siehe BMBF 2003).

Die Basis: diagnostizieren, fördern und fordern

5

5.1 Pädagogische Diagnostik

Nicht nur die mittlerweile legendäre PISA-Studie, sondern auch weitere Untersuchungen zu den individuellen Lernbedingungen von Schülerinnen und Schülern haben gezeigt, dass ihr Lernerfolg nicht unwesentlich von der **Diagnose- und Beurteilungskompetenz** der Lehrerinnen und Lehrer abhängt (z. B. KUNZE/SOLZBACHER 2008).

Diagnosekompetenz ist nach PISA eine zentrale Voraussetzung für die optimale Förderung der Schülerinnen und Schüler und der festgestellte Mangel an diagnostischer Kompetenz bei Lehrerinnen und Lehrern hat in zahlreichen Bundesländern zu schulpolitischen Konsequenzen und Forderungen geführt und damit zu Fragen der Umsetzbarkeit in den Schulen.

Pädagogische Diagnostik umfasst alle Tätigkeiten, durch die bei Lernenden und Lehrenden

- Voraussetzungen und Bedingungen planmäßiger Lehr- und Lernprozesse ermittelt,
- Lernprozesse analysiert und
- Lernergebnisse festgestellt werden,

um selbstverantwortliches Lernen im dialogischen Prozess zu optimieren.

Pädagogische Diagnostik darf nicht punktuell und stichprobenartig vorgehen, sie muss sich leiten lassen von Kontinuität und Prozessorientierung. Entwicklungsbezogene Fragestellungen müssen ebenso einbezogen werden wie die Frage nach der Entstehung bzw. Verhinderung von lernbereichsspezifischer Motivation, und sie muss nicht zuletzt die Einflussfaktoren der Umwelt berücksichtigen. Zielformulierungen, das Aufzeigen konkreter Schritte und die Planung, Durchführung und Evaluation individueller Maßnahmen sind wichtige Aspekte der pädagogischen Diagnostik. Es geht primär nicht um Defizite, sondern darum, die Lernvoraussetzungen bzw. den Lernstand eines jeden Schülers möglichst genau zu erfassen, um so ein **individuelles Profil der Stärken und Schwächen** zu erhalten.

Der Lernende ist nicht bloßes Objekt in einem wesentlich fremdbestimmten Prozess, sondern nimmt selbst aktiv an diesem Prozess teil. Dies schließt den **Perspektivwechsel** mit ein: „Nicht nur diagnostizieren Lehrende das Lernen und Verhalten von Lernenden, sondern auch Lernende reflektieren die Qualität der Unterrichtsarbeit von Lehrenden" (GRABBE

2004). Also nicht nur die Schülerinnen und Schüler erhalten Rückmeldungen über die Qualität ihrer Lernprozesse, sondern ebenso die Lehrerinnen und Lehrer in Bezug auf die Güte ihrer Lehrprozesse.

Um eine optimale Passung der Unterrichtsinhalte und -angebote an die Lernausgangslage von Schülerinnen und Schülern zu erreichen, sollte die **tägliche Routine** des Diagnostizierens, Förderns und Forderns zum bewussten, methodisch kontrollierten und transparenten Prozess weiterentwickelt werden.

Was bedeutet Diagnosekompetenz?

Diagnosekompetenz bedeutet:

- die Lernenden in ihrer Individualität wahrzunehmen,
- über entwicklungspsychologische Kenntnisse zu verfügen,
- eine kompetente Auswahl geeigneter Arbeitsinstrumente und -mittel zu treffen,
- Verfahren und Möglichkeiten zu kennen, den Lernprozess zu beobachten,
- Kenntnisse darüber zu haben, wie man ergebnisorientierte Verständigungs- und Beratungsgespräche führt,
- auf gewonnene Diagnoseergebnisse angemessen und förderlich zu reagieren,
- vielfältige Möglichkeiten für die individuelle Gestaltung von Lernarrangements zu kennen,
- über Methoden der Dokumentation, Reflexion und Evaluation zu verfügen.

Die mit dem Prozess der pädagogischen Diagnostik verbundenen Ziele sind:

- keine künstliche Aufblähung von Diagnosetätigkeiten, sondern eine qualitative Verbesserung der individuellen Lernprozesse von Schülerinnen und Schülern,
- nicht die Selektion, sondern primär die individuelle Beratung und Förderung,
- die Entwicklung eines individuellen Beratungs- und Beurteilungssystems,
- die Schärfung des diagnostischen Blicks auf Prozesse und deren Bedingungen und damit ein höherer Grad an pädagogischer Professionalität bei der Diagnose.

Pädagogische Diagnosen stellen keine endgültige Wahrheit dar, sondern bilden die Basis für Prognosen und **Hypothesen**, die immer wieder neu zu überprüfen und zu hinterfragen sind. So kann jeder Baustein im Unterrichtsalltag den Anlass für einen diagnostischen Prozess bieten. Besonders wichtig ist dabei der Zusammenhang von Beobachten, Diagnostizieren und Fördern. Gerade die Beobachtungskompetenz scheint in unseren Schulen im Argen zu liegen. Ohne eine intensive **systematische Beobachtung** ist aber individuelle Förderung (und Forderung) nicht möglich.

Auch dem Aspekt der Schülerselbstdiagnose und -selbstbeurteilung wird genügend Raum gegeben. Die Einbeziehung der Schülerselbstdiagnose in die schulische Praxis ist aus vielen Gründen geboten, schon um die Mündigkeit, aber auch um die Metakognitionen der Schülerinnen und Schüler zu fördern. Im Kern geht es dabei um eigenes Reflektieren der Schülerinnen und Schüler über Arbeits- und Lernprozesse und über Leistungen. Dabei hat sich die Reflexion in dialogischer Partnerschaft mit dem Lehrer bewährt.

Förderorientierte Diagnostik setzt einen Unterricht voraus, in dem individualisierende und differenzierende Maßnahmen stattfinden, damit aus individuellen Diagnosen auch individuelle Förderungen erfolgen und alle Beteiligten aktiv eingebunden werden können. Die Tätigkeit des Diagnostizierens umfasst nicht nur das Erfassen des aktuellen Leistungsvermögens, sondern auch das entwicklungsbezogene **Verstehen von Lernprozessen** und das Bemühen um das Verstehen des Lernprozesses jeder einzelnen Schülerin und jedes einzelnen Schülers.

5.2 Von den Bildungsstandards zum selbstverantwortlichen Lernen

Schule und Lehrberuf ändern sich

Die Schule in der Bundesrepublik Deutschland wird sich in den nächsten Jahren verändern – und dieser Prozess hat vielerorts schon begonnen. Dieser Veränderungsprozess wird grundsätzlich alle Schulformen ebenso betreffen wie alle Bundesländer, auch wenn es selbstredend schulform- und landesspezifische Unterschiede geben wird. Dennoch ist (neben der Einführung regelmäßig stattfindender, standardisierter und zentraler Tests) eine generelle Tendenz ganz klar abzusehen: Schule und Lehrer werden sich in Zukunft in ganz anderem Maße als bisher mit dem jeweils einzelnen Schüler, mit seinen Stärken und Schwächen befassen und ihn möglichst individuell fördern und fordern müssen.

1. Ebene: Bildungsstandards
Die Basis bilden die Bildungsstandards, Bildungspläne und Kerncurricula (Bezeichnung je nach Bundesland unterschiedlich), die von der KMK sowie den Kultusbehörden der einzelnen Bundesländer sowie gegebenenfalls den Landtagen formuliert und verabschiedet werden.

2. Ebene: Schulcurricula
Präzisiert und angepasst an die spezifischen Gegebenheiten der einzelnen Schule werden diese in inhalts- wie methodenbezogene Schulcurricula umgesetzt. Im Regelfall wird dies durch die Gesamtkonferenz der jeweiligen Schule koordiniert.

Veränderungen auf fünf Ebenen

3. Ebene: Eingangsdiagnose
Zu Beginn einer Unterrichtseinheit, eines Themas, eines Projekts steht eine Eingangsdiagnose, die z. B. durch einen Test, eine Selbstdiagnose der Schüler oder Beobachtungsverfahren realisiert wird. Ziel der Diagnose ist es, die Stärken und Schwächen der gesamten Lerngruppe wie der einzelnen Schüler zu erkennen und – auf dieser Basis aufbauend – die Eckpunkte der Förder- und Forderschwerpunkte zu setzen. Im Einzelnen soll herausgefunden werden:

- Welches Fachwissen hat der Schüler/die Schülerin?
- Welche Lernkompetenzen setzt der Schüler/die Schülerin selbstständig ein?
- Welche Arbeitstechniken beherrscht der Schüler/die Schülerin routinemäßig?
- Ist der Schüler/die Schülerin in der Lage, im Team/in der Gruppe zu arbeiten?
- Welche Stärken und Schwächen kann der Schüler/die Schülerin selber benennen?

Als Hilfsmittel stehen uns hier Testverfahren (von Verlagen oder Instituten, fachspezifische oder allgemeine Erhebungsbögen, Fragebögen, Bewertungsbögen, Schülerporträts, Beurteilungsraster und Beobachtungsbögen) zur Verfügung.

4. Ebene: Förderpläne und Forderpläne

Für eine thematische Einheit, für ein Projekt werden Lernpläne für die Schüler erstellt. Dies können sein:

- Förderpläne für Schüler mit Teilleistungsschwächen,
- Forderpläne für Schüler mit besonderen Begabungen,
- Übungspläne.

Entsprechend unserem Ziel (Stärken betonen statt Lerndefizite festzustellen und hervorzuheben) arbeiten wir mit Lernplänen für alle Schüler. Es gibt drei verschiedene Arten von **Lernplänen**:

- Lernpläne für die gesamte Klasse/Lerngruppe,
- Lernpläne mit Förder-/Fordermaßnahmen für einzelne Gruppen innerhalb der Klasse,
- Lernpläne mit Förder-/Fordermaßnahmen für einzelne Schüler.

Im Sekundarbereich I entwickeln die Lehrer für die Schüler individuelle oder gruppenspezifische Lernpläne. Diese werden gemeinsam mit den Schülern (und in Absprache mit den Eltern) erstellt. Für den alltäglichen Unterricht ist es notwendig, den Wissensstand der Schüler festzustellen, damit die nächsten Lernschritte bewältigt werden können (genaue Analyse der Fähigkeiten und Vorkenntnisse sowie der Schwächen und Lücken, die auf fehlendes Vorwissen hinweisen, das am Weiterlernen hindert).

Es reicht aber nicht, dies nur festzustellen, sondern es müssen Wege aufgezeigt werden, wie fehlendes Wissen oder bisher nicht Gelerntes auf- bzw. nachgeholt werden kann.

Vor und bei Bedarf auch während der Durchführung der Unterrichtseinheit werden Lernpläne aufgestellt, die individuelle Förder- und Fordermaßnahmen in Bezug auf die Unterrichtseinheit enthalten (zielgerichtetes, integratives Fördern und Fordern). Lernpläne können individuell, auf einen einzelnen Schüler abgestimmt sein, aber ebenso gut auch auf eine leistungshomogene Gruppe, eine Klasse oder einen ganzen Jahrgang.

Solange dieser Prozess noch relativ neu und ungewohnt ist, werden die Pläne vom Fachlehrer oder einem entsprechenden Team erstellt, sukzessive sollte diese Aufgabe später an die Schüler selber übergehen. Anzupeilen ist, dass jeder Schüler (ab einer gewissen Jahrgangsstufe) über genügend Fähigkeiten und Routinen zur Eigendiagnose verfügt, sodass er in der Lage ist, seinen eigenen Lernplan weitgehend selbstständig zu erstellen und der Lehrer (bzw. das Lehrerteam) diesen Prozess nur noch moderierend und unterstützend begleitet.

Das Konzept des zielgerichteten, integrativen Förderns und Forderns hat selbstredend gewisse Konsequenzen für **Sozialform** und **Methode** des Unterrichts. Im individualisierten Unterricht hat jeder Schüler die Möglichkeit, seinen Lernprozess individuell zu gestalten. Er hilft dabei, dass der Schüler seine eigenen Stärken und Schwächen erkennt (Verantwortung für das eigene Lernen übernehmen). Der Lehrer hat die Möglichkeit, den Schüler zu beobachten und konkrete Hilfestellungen zu geben.

Fördermaßnahmen sind auch außerhalb des Regelunterrichts sinnvoll und durchführbar. Die bundesweite Tendenz zu Ganztagsschulen hat in den letzten Jahren die Möglichkeiten zur individuellen Förderung im Rahmen von Förderunterricht, Arbeitsgemeinschaften, Interessengemeinschaften usw. ganz erheblich erhöht.

Förderpläne sind ein diagnostisches Planungs- und Reflexionsinstrument. Sie enthalten Ziele für die individuelle Förderung und sind die Grundlage für unterrichtliches Handeln. Jeder Förderplan enthält

1. als Grundlage

- eine Analyse der Lernvoraussetzungen,
- Hypothesen zur Verursachung der Lernschwierigkeiten,
- Förderschwerpunkte,
- fachliche Leistungen.

2. Vereinbarungen über

- die zu erreichenden Ziele der individuellen Förderung,
- Bedingungen, die verändert werden müssen,
- Hilfen, Unterstützung und Beratung,
- didaktisch-methodische Hinweise zum Erreichen der Ziele,
- Möglichkeiten der Realisierung der Fördermaßnahmen,
- die Art der Überprüfung der erreichten Ziele.

Die Förderpläne werden vom Fachlehrer – zielgerichtet auf die Unterrichtseinheit – entwickelt. Sollen nicht nur fachliche und fachspezifische Methoden und Arbeitstechniken gefördert werden, ist die Zusammenarbeit mit dem Klassenlehrer und/oder anderen Lehrkräften sinnvoll.

Hilfe von außen nutzen

Manchmal ist es auch notwendig, dass „ein Blick von außen“ auf den Lern- und Förderplan neue Perspektiven aufzeigt. So kann der Sozialpädagoge, der Sonderpädagoge oder der Schulpsychologe eventuell wertvolle Hilfestellungen bieten. An manchen Schulen wird auch über den Einsatz eines Lernberaters diskutiert, der gemeinsam mit den Lehrern geeignete

Fördermaßnahmen entwickeln und damit zur Entwicklung von Unterricht beitragen könnte.

Förderpläne dienen auf keinen Fall der Kontrolle, sondern immer der Optimierung des Unterrichts und des individuellen Lernens und verbessern damit den Lernerfolg der Schüler. Förderpläne stellen Arbeitsunterlagen im alltäglichen pädagogischen Prozess dar und bilden die Grundlage zur Kommunikation zwischen Lehrern, Schülern und Eltern. Sie enthalten verbindliche Absprachen zwischen Lehrer und Schüler (und eventuell den Eltern). Sie sollten nicht mehr als ein bis drei Aspekte auf höchstens einer Seite umfassen und sich auf das Wesentliche konzentrieren. Sie gelten meist für den Zeitrahmen einer Unterrichtseinheit, eines Projektes oder einer in sich abgeschlossenen schulischen Einheit. So ist der Zeitrahmen für die Schüler überschaubar.

Der zu fördernde Schüler (in manchen Fällen auch die Eltern) sollte so weit wie möglich an der Erstellung des Förderplans beteiligt sein. Denn wenn der Schüler den Nutzen nicht einsieht oder sich gar verweigert, ist die Maßnahme von vornherein zum Scheitern verurteilt. Förderpläne sind eine **gezielte Lernhilfe** für den Schüler, damit er dem Unterricht prozess- und inhaltsbezogen folgen kann und möglichst viel versteht.

Erprobtes Vorgehen bei Förderplänen

Wir haben gute Erfahrungen mit folgendem Vorgehen gemacht: Zunächst erstellt der Schüler selbst von sich ein individuelles Schülerbild, einen Schülersteckbrief oder ein Schülerporträt. Dies können die Eltern, Lehrer, aber auch Mitschüler, Freunde oder andere Personen – je nach Wünschen des Schülers – ergänzen.

Wird das Porträt mit Eintritt in eine Schulform angefertigt, kann es über viele Jahre hinweg aktualisiert werden. Es wird im Portfolio gesammelt und bildet eine wichtige Grundlage für den Schüler, seine Schul- bzw. Lernlaufbahn nachzuvollziehen.

Der nächste Schritt ist der individuelle Lernplan und der damit verbundene Förderplan, in dem Maßnahmen aufgezeigt und Perspektiven für den Schüler entwickelt werden. Dieser Förderplan wird am Ende einer Einheit gemeinsam mit dem Schüler evaluiert und gegebenenfalls bei einer nächsten Einheit fortgeführt. Hinweise und Maßnahmen sollten stets schriftlich fixiert werden. Auch alle Förderpläne werden im Portfolio des Schülers aufbewahrt und geben die Lernentwicklung des Schülers wieder.

5. Ebene: Lernkontrakte und Arbeitsbündnisse

Als dritten und letzten Schritt haben wir Arbeitsbündnisse mit den Schülern geschlossen. In schriftlichen Vereinbarungen – sogenannten Lernkontrakten – zwischen dem Schüler, seinen Eltern und dem Lehrer werden einzuhaltende Maßnahmen, Regeln, mögliche Lernwege und Ziele über einen verabredeten Zeitraum aufgeführt.

Selbstverantwortliches Lernen als Ziel des schulischen Bildungsprozesses bedingt auf Schülerseite, die eigene Lernentwicklung als individuelle Leistung, als persönlichen Erfolg und nicht zuletzt auch als Verpflichtung sich selbst gegenüber zu begreifen. Auch wenn der Begriff „Verpflichtung" an dieser Stelle sicherlich manchem Leser zu streng klingt, ist die möglichst präzise Fixierung von Lernvorgabe und -erfolgen unbedingt notwendig, damit die Schüler die Erfahrung machen können, dass sie über eigenes Potenzial verfügen.

In einem Lernkontrakt oder Arbeitsbündnis geht es daher um die möglichst genaue Erstellung eines **persönlichen Kompetenzprofils**, das eben nicht nur die jeweiligen Defizite auflistet (das wäre schlicht demotivierend), sondern die persönlichen Lernmuster und Verhaltensweisen analysiert und darauf aufbauend die passenden Lernstrategien entwickelt. Die Schüler haben so die Chance, eigene Stärken in allen Lernbereichen (individuell, sozial, kognitiv, berufsbezogen) zu erkennen und intrinsische Motivation zu entwickeln – im Übrigen ein Prozess, der mit dem Ende der Schulzeit keineswegs abgeschlossen ist, im Gegenteil: Das primäre Motto für die Qualifikation auf dem Arbeitsmarkt lautet ja bekanntermaßen „lebenslanges Lernen".

Sinnvoll Ziele formulieren

Der Formulierung von Zielen kommt in diesem Prozess eine ganz besondere Bedeutung zu, denn zielloses Lernen ist unbefriedigend und demotivierend und führt im besten Fall zu extrinsisch motiviertem Pauken – z. B. für die nächste Klassenarbeit. In der schulischen Realität sind sich Schüler häufig über ihre Ziele (noch) überhaupt nicht im Klaren. Mit der Formulierung realistischer, erreichbarer Ziele in einer Lernvereinbarung oder einem Arbeitsbündnis erfahren die Schüler den Sinn und den Nutzen von Zielen:

- Ziele konzentrieren die Leistung in eine Richtung und lenken dabei den Blick auf erreichbare Ergebnisse, bändigen so den „inneren Schweinehund", wirken Ablenkung und „Zeitdieben" entgegen.
- Ziele ermöglichen selbstverantwortliches Lernen ohne Druck von außen.

- Eine klare Zielformulierung (eventuell mit Zwischen- und Teilzielen) lässt jeden Fortschritt deutlich sichtbar werden.
- Ziele verleihen dem Lernprozess einen Sinn.

Selbstverantwortliches Lernen und **Teamfähigkeit** bedingen einander. Teamfähigkeit setzt die Fähigkeit voraus, die eigenen Stärken einschätzen und einsetzen zu können und die eigenen Schwächen zu kennen, und es bedeutet, die anderen in einem Team wahrnehmen zu können.

Dies üben die Schüler, indem sie sich ihre eigenen Lernziele setzen und ihre individuellen Lern- und Förderpläne planen. Durch regelmäßige Beratungen seitens der Lehrer wird eine Ausgewogenheit aller Lernbereiche angestrebt. Die Schüler schaffen sich selbst im Team die Regeln im Umgang miteinander und sorgen dafür, dass diese eingehalten werden. Durch das selbstverantwortliche Lernen und Arbeiten sammeln die Schüler frühzeitig wichtige Erfahrungen:

- Einschätzung der eigenen Leistungsfähigkeit,
- Zeitplanung,
- realistische Zielsetzung,
- Frustrationstoleranz,
- Kooperationsfähigkeit,
- Kommunikationsfähigkeit,
- Selbstdisziplin.

Die Schüler lernen in fachspezifischen oder fachübergreifenden Projekten. Sie finden Inhalte, Ziele und Lösungen selbstbestimmt und gemeinsam mit anderen. Dabei erwerben sie formelles, kognitives Wissen ebenso wie emotionale, soziale, kreative und praktische Kompetenz. Die Schüler finden ihr eigenes, ihrem persönlichen Entwicklungsstand entsprechende Lerntempo. Fehler sind erwünscht, denn nur so können die Schüler eigenständige Problemlösungen entwickeln (Monitoring).

Wichtige Aspekte des selbstverantwortlichen Lernens:

- eine veränderte Rolle der Schüler, die mehr und mehr selbst Verantwortung für ihr Lernen übernehmen und es auch selbst steuern;
- eine neue Rolle der Lehrer, die zu Moderatoren, Coaches und Lernbegleitern werden;
- der Einsatz vielfältiger Methoden und Medien, die den Schülern eigenaktives und selbstverantwortliches Lernen ermöglichen;

- die Nutzung vielfältiger Lernorte, indem außerschulische oder auch virtuelle Räume als Lernräume genutzt werden;
- das Wissen um und die Anwendung von individuellen Lernstrategien.

Dadurch wird eine Transparenz von Wegen und Zielen hergestellt, die Eigenverantwortung der Schüler gestärkt, Lernwege werden bewusst gemacht und Lernergebnisse reflektiert.

5.3 Entwicklung der Diagnosekompetenz von Lehrern

Diagnosekompetenz bezeichnet die Fähigkeit von Lehrerinnen und Lehrern, nach festgelegten Kriterien angemessene Urteile über das Lern- und Leistungsverhalten ihrer Schülerinnen und Schüler abzugeben. Diagnosekompetenz ist insbesondere für die Förderung lernschwacher Schülerinnen und Schüler nötig. Umfassende Informationen zum Stand der Forschung finden Sie bei WILD/KRAPP (2001) und HELMKE (2003, 84–104).

In mehreren Studien wurde festgestellt, dass deutsche Lehrerinnen und Lehrer nur sehr begrenzt in der Lage waren, die durch PISA gemessenen Lesekompetenzen ihrer Schülerinnen und Schüler einzuschätzen. Lehrer neigen zu dem Urteil, dass sie ihre Schüler selten oder nie unterfordern. Schülerurteile zum selben Lehrer stehen zum Teil in krassem Gegensatz dazu (HELMKE 2003, 95). ANDREAS HELMKE zeigt allerdings Verständnis für die Lehrer und fragt, ob es realistisch und angemessen sei, bei Lehrer-Diagnoseurteilen die gleichen Gütekriterien der Objektivität, Reliabilität und Validität anzulegen wie bei empirischen Forschungsvorhaben (2003, 89). Er zitiert WEINERT/SCHRADER (1986, 18 f.): „Lehrerdiagnosen während des Unterrichts brauchen ... keineswegs besonders genau zu sein, wenn sich der Diagnostiker der Ungenauigkeit, Vorläufigkeit und Revisionsbedürftigkeit seiner Urteile bewusst ist. [...] Wichtig allein ist eine ungefähre Diagnose des Lehrers und ihre permanente Überprüfung im Verlauf des Unterrichts. [...] Lehrerdiagnosen müssen sich nicht durch neutrale Objektivität, sondern durch pädagogisch günstige Voreingenommenheiten auszeichnen.“ (ebd.)

HELMKE kommentiert weiter: „Es ist pädagogisch klug, das Ausmaß der Leistungsunterschiede zwischen den Schülern einer Klasse maßvoll zu unterschätzen und die Leistungsfähigkeit jedes einzelnen Schülers maßvoll zu überschätzen.“ (HELMKE 2003, 89)

SCHRADER/HELMKE (1987) konnten nachweisen, dass diagnostische Kompetenz allein – welch Wunder – nicht ausreicht, um bei den Schülern deutliche Lernerfolge auszulösen. Die Fähigkeit, den Unterrichtsverlauf klar strukturieren zu können, muss hinzukommen:

„Ist die diagnostische Kompetenz hoch *und* werden viele Strukturierungshilfen gegeben, ist das für den Lernerfolg (Leistungssteigerung im Fach Mathematik) optimal. Dagegen ist die Koppelung von Strukturierungshilfen mit unterdurchschnittlicher diagnostischer Kompetenz ungünstig, und als fatal stellte es sich heraus, wenn trotz vorhandener diagnostischer Kompetenz (= gute Orientierung über Leistungsunterschiede zwischen den Schülern) keine didaktischen Förder- und Strukturierungsmaßnahmen ergriffen wurden" (HELMKE 2003, 93).

Viele Strukturierungshilfen geben

Subjektive Diagnose im pädagogischen Alltag

Wer individuell fördern und fordern will, muss im Vorfeld klären, welche Diagnosekompetenzen er dazu braucht, wer ihn dabei unterstützen kann und was zur Entwicklung dieser Kompetenzen beitragen kann. „Diagnosekompetenz bezeichnet die Fähigkeit der Lehrenden, nach festgelegten Kriterien angemessene Urteile über das Lern- und Leistungsverhalten ihrer Schüler abzugeben." (MEYER 2004, 100)

In der Ausbildung sowohl an der Universität als auch im Referendariat werden Lehrer kaum mit dem Prozess des Diagnostizierens konfrontiert. Lediglich bei den Sonderpädagogen gehört diese Disziplin zum festen Bestandteil der Ausbildung. Dennoch diagnostiziert jeder Lehrer permanent während des Unterrichts – allerdings häufig, ohne sich dessen überhaupt bewusst zu werden. Diese **„subjektive Diagnose"** basiert auf hoch automatisierten und schematisierten Zustands-, Veränderungs- und Diskrepanzbeobachtungen. Sie ist meist nicht absichtlich und kontrolliert sowie schon gar nicht wissenschaftlich evaluiert, sondern ergibt sich aus routiniertem Registrieren und Vergleichen von subjektiv bedeutsamen Merkmalen. Dieser permanente subjektive Diagnoseprozess vollzieht sich hauptsächlich während des nach wie vor dominierenden Frontalunterrichts und der Methode des fragendentwickelnden Unterrichtsgesprächs, ist aber in weniger ausgeprägter Form auch in anderen Sozialformen und Unterrichtsmethoden vorhanden.

Diese hoch automatisierten Routinen erkennt man z. B.

Routinen erkennen

- bei der spontanen Reaktion auf körpersprachliche Signale der Schüler (zustimmendes Kopfnicken, Kopfschütteln, Gesten der Hilflosigkeit oder Überforderung usw.),
- im eigenen Nachfragen: bewusst und gezielt oder knapp („kapiert?") bis zu angehängten Phrasen wie „nicht wahr", „klar", „ne",
- beim Unterbrechen mitten in einem Satz oder bei spontanem Umformulieren von Erläuterungen oder Arbeitsaufträgen,

- indem man einzelne Schüler nach vorne kommen lässt, um das eben Erklärte zu wiederholen, an der Tafel zu erläutern, vorzurechnen.

Auch der sogenannte „Flurfunk“ unterstützt das unsystematisch-zufällige Diagnostizieren, wir nehmen an, dass er im Lehreralltag ausgesprochen wirkungsvoll ist: „Die 8c? Das ist ja wohl das Schlimmste, was ich bisher erlebt habe! Die sind alle frech und faul – und mindestens die Hälfte gehört nicht hierher.“ Jeder Klasse eilt ein bestimmter Ruf voraus. Entweder gilt sie als leistungsstark oder leistungsschwach, lieb und nett oder frech und faul. Dieses Bild setzt sich aus den unterschiedlichen Vorstellungen und Erwartungen der Lehrerinnen und Lehrer, aus ihren Erfahrungen mit den Eltern und nicht zuletzt aus Beobachtungen von störendem Verhalten, z. B. in der Pause, zusammen.

Während der komplexen Unterrichtssituation gibt es keine analytische (und schon gar keine wissenschaftlich sauber evaluierbare) Trennung von Unterrichtsplanung, -durchführung und subjektiver Diagnostik – im Gegenteil werden diese Bereiche permanent eng miteinander verknüpft (und zudem noch durch weitere Handlungsnotwendigkeiten eingerahmt: Unterbindung von Störungen und Disziplinlosigkeiten, classroom-management, Bedienen von Medien usw.). Um vom subjektiven zum pädagogisch objektiven Diagnostizieren zu gelangen, ist aber genau diese bewusste Trennung, das gezielte und überprüfbare Training des eigenen diagnostischen Wissens und Könnens vonnöten.

Lehrerinnen und Lehrer, die kompetent diagnostizieren wollen, sollten zudem über einige Grundkenntnisse verfügen, die über den engeren fachdidaktischen Rahmen ihrer jeweiligen Fächer hinausgehen. Die Feststellung der fachlichen Schwächen und Stärken jedes Schülers bildet das Rückgrat der Diagnose, liefert aber für sich alleine noch keinen hinreichenden Erklärungsansatz für besondere Begabungen. Ganz ohne Psychologie geht es also nicht: Vorteilhaft sind Grundkenntnisse im Bereich der **Entwicklungspsychologie**, insbesondere zu altersspezifischen Entwicklungsstörungen.

Ebenfalls notwendig ist ein grundlegendes Verständnis darüber, wie **Versagensängste** einen Schüler in der Entfaltung seiner Kompetenzen behindern können. Basiswissen über **Entwicklungsrisiken** und mögliche Schutzfaktoren in Schule, Familie und Gesellschaft sollten ebenfalls vorhanden sein.

Lernentwicklungsmodelle sind nicht identisch mit der fachwissenschaftlichen Sach- oder Gegenstandsstruktur. Es handelt sich um Erfahrungsmodelle, die entwicklungspsychologisch klären, in welchen Schritten und Etappen reguläre Aneignungsprozesse bei den Lernenden verlaufen. Dazu kommt das **fachdidaktische Wissen** darüber, welche Vorkenntnisse für einzelne Lernschritte erforderlich sind. (Fach-)Didaktiken klären das, was die Schülerinnen und Schüler lernen sollen, auf allgemein gesellschaftlicher und auf fachlicher Ebene, ohne den Blick auf den einzelnen Schüler und seine spezifischen Lernvoraussetzungen richten zu können. Lernentwicklungsmodelle für die einzelnen Schulfächer beschreiben den möglichen Lernweg einschließlich eventueller Störungen sowie der Anzeichen, in denen sich solche Störungen manifestieren. Für das pädagogische Diagnostizieren sind fundamentale Kenntnisse aus beiden Bereichen hilfreich.

Bausteine pädagogischer Diagnosekompetenz

Pädagogische Diagnosekompetenz entsteht aus der Summe aller pädagogischen, psychologischen und neurophysiologischen Grundkenntnisse. Dazu gehören:

- Kenntnisse über Modelle „normaler“ Lern- und Entwicklungsverläufe, über alterstypische Störungen und Gefährdungen (z. B. Konzentration, Angst, Vermeidung, Motivation),
- Wissen über Wechselwirkungen zwischen Kognition und Emotion,
- Kenntnisse über Schutzfaktoren und Entwicklungsrisiken im Lebensraum Schule und außerhalb desselben (Kind-Umfeld-Analyse),
- Wissen, wie bei Interaktions- und Kommunikationsstörungen in der Lerngruppe zu verfahren ist.

Wirkung von Diagnosekompetenz

Alle empirischen Studien, die sich mit der Lernleistung von Schülerinnen und Schülern beschäftigen, bestätigen eindeutig: Eine verbesserte Diagnosekompetenz der Lehrkräfte führt zu einer **Verbesserung der Lernleistungen aller Schüler**. Wie die Diagnosekompetenz von Lehrern grundsätzlich entwickelt und gefördert werden kann, haben wir im letzten Abschnitt beschrieben. Es bleiben aber noch zwei weitere wichtige Fragen:

- Wie kann die Diagnosekompetenz für den Unterricht fruchtbar gemacht werden?
- Wie können pädagogische Diagnosen dazu beitragen, den gesamten Unterrichtsprozess zu verbessern?

▶ S. 153

Diagnosekompetenz

- **pädagogische, psychologische, neurophysiologische Grundkenntnisse**
- **Modelle über Ursachen und Verläufe von Entwicklungsprozessen**

Vor dem Unterricht **Bestandsaufnahme**	Während des Unterrichts **Beobachtung**	**Beurteilung**	Im dialogischen Prozess **Beratung**	Nach dem Lehr-Lern-Prozess **Bewertung**
• Kenntnisse über wesentliche Testverfahren zur Erhebung der Lernausgangslage; • Entwicklung von angemessenen unterrichtsbezogenen Diagnoseverfahren; • Auswahl, Anwendung, Auswertung und Interpretation von professionell konstruierten und von unterrichtsbezogenen Diagnoseverfahren	• Kenntnisse über unterschiedliche Formen der Beobachtung; • Entwicklung geeigneter Beobachtungskriterien; • Kenntnisse beobachtbarer Indikatoren; • Bereitschaft zur intensiven Wahrnehmung	• Trennung von Beobachtung und Beurteilung; • Bewusstsein über die Ungenauigkeit, Vorläufigkeit und Revisionsbedürftigkeit von Diagnoseurteilen; • Aufstellung präziser und spezifischer Hypothesen über Schülerleistungen und -verhalten	• Kenntnisse geeigneter Gesprächsformen und -techniken; • Kommunikation der Diagnoseergebnisse; • Entwicklung passgenauer individueller Lernangebote; • Kenntnisse relevanter Präventions- und Interventionsmaßnahmen	• Überprüfung und Erneuerung eigener Diagnoseleistungen; • Umsetzung pädagogisch-diagnostischer Informationen in didaktische und erzieherische Entscheidungen für die Planung des Unterrichts

Pädagogische Diagnosen vollziehen sich nicht im luftleeren Raum, sondern es müssen verschiedene **Grundvoraussetzungen auf Lehrerseite** gegeben sein:

1. Die Lehrerin, die kompetent diagnostizieren will, kennt unterschiedliche Diagnoseinstrumente, die für die alltägliche pädagogische Praxis entwickelt worden sind.
2. Sie ist in der Lage, eine Auswahl der vorhandenen Instrumente nach bestimmten Kriterien zu treffen – entsprechend den zu bearbeitenden Problemen.
3. Sie kann die Diagnoseinstrumente richtig und problemorientiert einsetzen.
4. Sie ist in der Lage, aus den Diagnoseergebnissen schlüssige Hypothesen abzuleiten und entsprechende Ziele zu formulieren.
5. Sie weiß, welche Fördermaßnahmen auf Diagnose und Hypothese folgen müssen.
6. Sie setzt die Fördermaßnahmen in entsprechende Förderpläne für den Schüler um.
7. Sie klärt im Vorfeld, welche Ressourcen für Fördermaßnahmen an ihrer Schule zur Verfügung stehen, und sucht bei Bedarf nach außerschulischen Anbietern.
8. Sie evaluiert die Fördermaßnahme und variiert gegebenenfalls den Förderplan.

Wenn das pädagogische Diagnostizieren unter diesen Rahmenbedingungen stattfindet, können in diesem Prozess die folgenden Ziele erreicht werden:

Lernstandsdiagnose
Pädagogische Diagnosen beschreiben umfassend den Lernstand eines Schülers, machen diesen transparent und bilden die Grundlage für die Entwicklung individueller Lernstrategien.

Passgenauigkeit
Pädagogische Diagnosen stellen die Lernvoraussetzungen der Schüler fest und passen die Lernangebote im Unterricht diesen Voraussetzungen an.

Grenzziehungen
Pädagogische Diagnosen zeigen die Grenzen des individuellen Leistungsvermögens auf – im positiven wie im negativen Sinn.

Lernstörungen
Pädagogische Diagnosen erkennen Lerndefizite und Lernstörungen und entwickeln daraus individuell angemessene Fördermaßnahmen.

Lernbegabungen
Pädagogische Diagnosen erkennen besondere Lernbegabungen und fördern und fordern diese angemessen.

Gütekriterien
In der positivistischen Philosophie wurde der Begriff **Objektivität** zugunsten des in unserem Zusammenhang passgenaueren Begriffs **Intersubjektivität** aufgegeben: Intersubjektive Überprüfbarkeit meint, dass unterschiedliche Forscher zu unterschiedlichen Zeiten in unterschiedlichen Räumen zu gleichen Ergebnissen kommen, vorausgesetzt, die experimentellen Bedingungen sind vollkommen identisch. Nun ist eine völlige Identität von Versuchsbedingungen allenfalls in Teilen der Naturwissenschaft, keineswegs aber im pädagogischen Bereich herstellbar. Schon der Begriff Experiment ist für den pädagogischen Kontakt von Lehrern und Schülern völlig unangemessen. Dennoch gilt es, den grundsätzlichen Anspruch im Auge zu behalten: Pädagogisch objektiv ist ein Ergebnis oder ein Urteil dann, wenn verschiedene Lehrer zu identischen oder zumindest möglichst ähnlichen Resultaten gelangen. Pädagogische Diagnosen können von einzelnen Kollegen erstellt werden, bedürfen aber der kritischen Erörterung im Team.

Kritische Erörterung im Team

Reliabilität bedeutet Zuverlässigkeit und Stabilität. Die Reliabilitätskontrolle, die die Wissenschaft vorschlägt, ist leider im schulischen Alltag recht aufwändig bzw. kaum zu realisieren: „Reliabel ist ein Urteil dann, wenn es sich – vorausgesetzt, das zu beurteilende Schülermerkmal bzw. die Schülerleistung ist im Zeitverlauf stabil geblieben – bei wiederholten Beurteilungen nicht ändert. Probe aufs Exempel: wiederholte Korrektur und Bewertung der gleichen Serie von Arbeiten (Aufsätze, Klassenarbeiten, Hausarbeiten) einige Monate später." (Helmke 2003, 87)

In Bezug auf die Leistungsbewertung ist das arbeitstechnisch wohl kaum zu realisieren. Das pädagogische Diagnostizieren ist von seinem Anspruch aus ohnehin prozessorientiert, eine gewisse Reliabilität daher von vornherein intendiert. Zu beurteilende Schülermerkmale müssen darum in regelmäßigen Abständen auf ihre Konstanz bzw. Veränderung hin überprüft werden.

Validität bedeutet Gültigkeit: Ein Diagnoseverfahren ist dann gültig, wenn es die zu messenden Merkmale exakt misst und nichts anderes und sich das Urteil auch tatsächlich auf das bezieht, was diagnostiziert werden sollte. Helmke gibt ein anschauliches Beispiel: „Tests werden oft unter Bedingungen des Zeitdrucks durchgeführt, und die Testleistung kann massiv von individuellen Besonderheiten beeinflusst sein: beispielsweise negativ von akuter Leistungsangst oder positiv von Testschlauheit" (HELMKE 2003, 88). Gemessen wird also nicht das, was eigentlich Ziel der Prüfung war, z. B. Vokabelkenntnisse. Derjenige, der pädagogisch diagnostiziert, muss sich möglichst weitgehend darüber Rechenschaft ablegen, ob seine Diagnose nicht von Vorurteilen oder Fehlerquellen beeinflusst wird und sich tatsächlich auf die zu erhebenden Items bezieht.

Den Arbeitsbogen auf Seite 156 können Sie nutzen, um sich für einen bestimmten Schüler/eine bestimmte Schülerin zu den verschiedenen Stufen und Dimensionen übersichtliche Notizen zu machen.

Name: Klasse: Datum:

Diagnosebogen

Dimensionen / Stufen	kennen	verstehen	anwenden	bewerten	vermitteln
Bestandsaufnahme					
Beobachtung					
Beurteilung					
Beratung					
Bewertung					

Die Reflexion: Lernprozesse gestalten und begleiten

6

In den vorigen Kapiteln haben wir im Einzelnen unsere Vorstellungen davon beschrieben, wie eine Schule funktionieren könnte, die Individualisierung als Leitidee verfolgt. Lehrerinnen und Lehrer in unserer Schule

- planen die Arrangements, in denen Schüler und Schülerinnen eigenständig und selbstverantwortlich planen und arbeiten (vgl. Kap. 2),
- schaffen eine aktivierende Lernumgebung, in der die Schülerinnen und Schüler den Prozess weitgehend selbst steuern und ihre Leistungen optimieren können (vgl. Kap. 3),
- vereinbaren Ziele und sind sachkundige, kritische und anregende Begleiter in der Auswertung einzelner Prozessphasen (vgl. Kap. 4),
- beraten die Schüler als Experten für den Lernprozess auf der Basis einer Diagnose (vgl. Kap. 5).

Individualisierung im Lernen ist gebunden an die **Übernahme von Verantwortung durch die Lerner**. Selbstverantwortliches Lernen hat als Ziel, dass die Schüler lernkompetent werden und damit ihren individuellen Lernprozess selbst steuern und verantworten können.

Was die Schülerinnen und Schüler lernen sollen, müssen sie auch tun können. Dementsprechend weisen wir in unserem Modell den Möglichkeiten der Selbststeuerung in den Lernarrangements eine hohe Bedeutung zu. Selbststeuerung stellt hohe Anforderungen an alle Beteiligten in der Planung, Realisierung und Auswertung:

Hohe Selbststeuerung in den Lernarrangements

- In der Lernsituation müssen Freiräume für die selbstständige Festlegung von realistischen Zielen, Lernzeiten und Methoden vorhanden sein.
- Die Lernenden müssen reale Entscheidungen für das eigene Lernen treffen, diese dokumentieren und in die Tat umsetzen.
- Die Lernenden geben auch bei auftretenden Schwierigkeiten die Verantwortung nicht ab, versuchen eine Analyse und können sich im idealen Fall selbst darüber instruieren, wie sie aus der Problemlage herauskommen.
- Die lernrelevanten Entscheidungen werden von den Lernenden als persönliche Verursachung für den Prozessverlauf und die Lernergebnisse erlebt; sie erkennen, dass sie zumindest in wesentlichen Teilen selbst verantwortlich sind. (Edelmann 2000, 286 f.)

Die Realisierung der genannten Elemente ist abhängig von den mentalen Modellen, die Lehrer und Lerner in den Prozess einbringen. Sie steuern in den konkreten Situationen das Handeln sowohl der Lehrer als auch der Schüler.

Praktische Übung für Lehrer und Schüler

Eine Methode, mentale Modelle für eine kritische Reflexion verfügbar zu machen, möchten wir Ihnen hier vorstellen. Sie sollten sie selbst ausprobieren. Damit haben Sie die Möglichkeit, selbst aktiver zu artikulieren, das bisher Gesagte zu reflektieren und Ihre eigene Vorstellung von Lernen zu präzisieren. Nutzen Sie in der Beschreibung Ihrer Vorstellungen Bilder und Metaphern. Sie schaffen häufig einen Übergang von diffusen Vorstellungen zu einer klaren Sichtweise. Sie können die Übung sowohl für das Lernen als auch für das Lehren anwenden.

Aufgabe

Stellt euch vor, jemand aus einer anderen Welt, in der es keine Schule gibt und auch nicht die Begriffe „lernen/lehren", kommt zu euch in die Schule und sagt: „Ich habe gehört, dass ihr hier seid, um zu lernen. Das verstehe ich nicht. Was ist eigentlich ‚lernen'? Und wie macht ihr das? Was tut ihr, wenn ihr lernen wollt?"

Regel: Ihr dürft die Wörter „lernen" und „lehren" nicht benutzen.

6.1 Lehrkräfte in einer neuen Rolle?

Begriffe wie Lernbegleitung, Lernberatung und Coaching im Kontext der Unterrichtsentwicklung dokumentieren, dass Lehrerinnen und Lehrer nicht nur als Vermittler oder Vorgebende gefragt sind, sondern ihr Rollenverständnis umfassender definieren müssen. Kompetenzorientierung, Selbststeuerung und Förderung im Unterricht verlangen ein erweitertes Aufgabenverständnis und neue Tätigkeitsschwerpunkte.

Für viele Lehrerinnen und Lehrer wird ein Umdenken unumgänglich sein. Der Wandel, auf den sich Lehrerinnen und Lehrer einlassen, ist zwar nicht so offen sichtbar – aber tiefgreifend. Und er vollzieht sich gleichzeitig auf verschiedenen Ebenen.

Von den Lehrerinnen und Lehrern wird erwartet, dass sie kompetenzorientiert Unterricht planen und durchführen. In der mittlerweile zur Formel gewordenen Aufforderung „Vom Ende her denken" ist die Entwicklung skizziert, die vor allem die Planung von Lernsequenzen im Kleinen (Unterrichtseinheiten) wie im Großen (Curriculum) betrifft. Es geht nicht mehr vornehmlich darum, aus interessanten und wichtigen Themen oder Anlässen einen Unterrichtsprozess und daraus Ziele zu entwickeln. Die neue Herausforderung besteht darin, mit Blick auf konkrete Anforderungen solche Lernsituationen zu schaffen, in denen Schülerinnen und Schüler erfahren und zeigen können, was sie wissen und können. Im Fach Darstellendes Spiel ist es selbstverständlich, dass man Szenen spielen muss, um sie zu proben. Im Fach Sport gilt schon immer Ähnliches: Schwimmen lernen ohne Wasser? In vielen Fächern aber fehlt es noch an der Erfahrung, neben der Wissensvermittlung auch die Anwendung in konkreten Situationen mitzudenken.

Dem Anspruch individueller Förderung – in der Praxis eng verbunden mit der Kompetenzorientierung – können Lehrerinnen und Lehrer mit der Entwicklung der Unterrichtsorganisation und einer geschickten Klassenführung gerecht werden. Formen der Differenzierung und des Forderns und Förderns auf der Basis von Daten, die in der Diagnose gewonnen wurden, erhöhen aber die Komplexität der Entwicklungsaufgabe. Diese beinhaltet als zentrales Ziel mehr Selbststeuerung und mehr Mitverantwortung im Lernprozess für die Schüler. Das schafft Freiräume, die nötig sind, um einzelne Schülerinnen und Schüler gezielt beraten zu können.

Sieben Bausteine für Lehrerarbeit

Auf die konkreten Anforderungen kompetenzorientierten Unterrichtens hat HILBERT MEYER seine Betrachtung der Lehrerarbeit ausgerichtet und sieben Bausteine formuliert:

1. Eine Lehrperson, die kompetenzorientiert unterrichtet, übt sich im genauen **Beobachten** der Schülerinnen und Schüler. Sie strengt sich insbesondere an, die basalen Stufen der Kompetenz- und Anforderungsbereiche genau zu analysieren, um den leistungsschwächeren Schüler gezielt helfen und den leistungsstärkeren gezielt Freiräume für selbstreguliertes Lernen geben zu können.
2. Sie entwickelt eine kognitiv und sozial aktivierende **Aufgabenkultur**, in der die Schüler auf unterschiedlichen Kompetenzstufen arbeiten können.
3. Sie sorgt für einen am Lehrplan orientierten systematischen **Wissensaufbau**. Sie fördert das vernetzte Lernen und sorgt so dafür, dass die Schüler ihr Vorwissen einbringen und sinnvolle Anwendungsbezüge herstellen können.

4. Sie entwickelt unterrichtliche **Differenzierungsstrategien**, die an die ermittelten Kompetenzniveaus anknüpfen und ihnen Angebote zum Erklimmen der nächsthöheren Kompetenzstufe machen.
5. Sie hat einen ganzheitlichen **Bildungsbegriff** und bemüht sich, Lernsituationen zu schaffen, in denen die Schüler nicht nur Fachwissen ansammeln, sondern Verantwortung übernehmen und ihre Methoden- und Sozialkompetenzen entwickeln können.
6. Sie fördert die **Metakognitionen** der Schüler. Das bedeutet konkret, dass sie eine Reflexions-, Gesprächs- und Feedbackkultur entfaltet, in der sich die Schüler ihrer neu erworbenen Sach-, Methoden-, Sozial- und Selbstkompetenzen bewusst werden können und die Themen und Aufgabenstellungen als persönlich sinnstiftend erleben.
7. Sie kontrolliert die Lernergebnisse **kompetenzstufenbezogen**. Sie hakt nach, wenn die erhofften Ergebnisse ausbleiben, und freut sich, wenn höhere Stufen erreicht wurden als gedacht. (Meyer 2007, 167)

Ein Gewinn für die Lehrkräfte

Der geforderte Wandel für die Lehrerinnen und Lehrer ist mit Lernen verbunden. Aber er ist offensichtlich auch attraktiv, wie die Aussagen von Lehrerinnen und Lehrern vermuten lassen. Ein Bericht aus der Gesamtschule Winterhude in Hamburg sei als Beispiel zitiert: „Die PädagogInnen, die in der Stufe 5–7 im Lernbüro (aber auch in den Projekt- und Werkstatt-Blöcken) arbeiten, haben sich seit dem Start der neuen Unterrichtsstruktur auf einen (Lern-)Prozess eingelassen, der Veränderungen in vielerlei Hinsicht mit sich bringt – vor allem in Hinblick auf die (Klassen-)Leitungsrolle von Lehrern:

- [...] Haben wir früher das Hauptaugenmerk auf das Voranschreiten der ganzen Klasse gelegt, ermöglicht und fordert die steigende Individualisierung tiefere Einblicke in die Situation jedes/r einzelnen Schülers/in. Wir sind zunehmend ‚dichter dran', müssen lernen, genauer zu schauen und zu verstehen, und uns um passende individuelle ‚Lösungen' bemühen. Wir Pädagogen erfahren nun tagtäglich, was Lernberatung und Coaching bedeuten. Viel mehr als früher zwingt uns die alltägliche Arbeit zu erkennen, wie wenig wir doch über das Lernen wissen und wie viel wir noch zu lernen haben.
- Eine neue Passung zwischen Individualisierung und Klassen- bzw. Gruppenleben entsteht [...] Wer nicht – aus welchen Gründen auch immer – arbeitet, wer noch Schwierigkeiten mit selbstständigem und eigenverantwortlichem Arbeiten hat, welche Materialien überfordernd oder einfach schlecht sind: Mit all dem konfrontiert mich der Alltag

weit mehr als zu Zeiten meines ‚alten Unterrichtens', in denen ich mir beim Verlassen des Raumes das Gefühl erhalten konnte, alle hätten in etwa das Gleiche gemacht und gelernt. Wir sind näher am einzelnen Schüler ‚dran'.

- [...] Was ich im Lernbüro von Schülerinnen und Schülern an Selbstständigkeit und Verantwortlichkeit einfordere und ermögliche, wird in anderem Zusammenhang auch von mir selbst eingefordert: Mit fast 20 KollegInnen muss ich zusammen arbeiten, z. B. das Verzeichnis von Bausteinen abstimmen, mich auf einen allgemeinen Anforderungsrahmen und auf Strukturen verständigen, verantwortlich Materialien entwickeln und vorbereiten." (www.gs-winterhude.hamburg.de)

6.2 Lerncoaching

Die Option eines neuen, von beiden Seiten aktiven Zusammenwirkens von Lehrern und Lernern deutet sich in dem Ansatz des „Lerncoachings" an. Im Institut für Advanced Studies der Universität Kiel sind Qualifizierungsprogramme und Zertifizierungen entwickelt worden. Unter „Lerncoaching" wird ein professioneller Beratungs- und Begleitprozess verstanden, um individuelles Lernen zu fördern. „Lerncoaching unterstützt und begleitet personales, gruppales und organisationales Lernen auf vereinbarter Basis in geeigneten Lern- und Beratungssettings durch Methoden induktiver Beratung und Intervention mit dem Ziel, Aufgaben, Probleme, Situationen und Herausforderungen beim Aufbau und bei der Erweiterung von Lernkonzepten, Selbstmanagement und Wissensorganisation bewältigen zu können." (Hameyer/Pallasch 2007)

Ein professioneller Beratungs- und Begleitprozess

Lerncoaching kann in verschiedenen Settings stattfinden, z. B. als Reaktion auf Lernschwierigkeiten in Form eines Lernberatungsgespräches oder in einer vorbeugenden Funktion unter Nutzung von Instrumenten, die Selbststeuerung unterstützen (Portfolio, Zielvereinbarung).

Der Begriff **induktive Beratung** deutet an, dass die konkrete Situation des Lernenden, in der das Coaching eingebunden ist, echter Ausgangspunkt für die Entwicklung einer Strategie ist, nicht nur der Anlass. Insofern ist auch schlüssig, dass der Coach die subjektiven Sichtweisen und Erklärungsmuster, aber auch Wünsche, Ängste und Bedürfnisse des Lernenden erfassen muss.

Da das in Gesprächen geschieht, ist die Kompetenz zur Gesprächsführung ein zentraler Einflussfaktor auf den Erfolg des Coachings. Die individuelle Sicht des Schülers, seine Selbsteinschätzung und seine subjektiven Theorien bilden die Grundlage für seinen Lernprozess. Voraussetzung für die Wirksamkeit der Gesprächsführung ist der Aufbau einer von Wertschätzung und Akzeptanz bestimmten Beziehung zwischen Coach und Coachee.

Coaching ist nicht nebenher im Unterricht zu realisieren, sondern erfordert ein spezifisches Umfeld. Erfahrungen einzelner Schulen legen nahe, die Sitzungen zumindest in der Anfangsphase sehr genau zu regeln und zu ritualisieren. Das sichert gemeinsame, vergleichbare Erfahrungen der Schülerinnen und Schüler, schafft Sicherheit bei den Lehrkräften in der Rolle eines Coaches und garantiert die Einhaltung eines vereinbarten Zeitbudgets. Probleme werden nicht zerredet, wie es sonst häufig geschieht.

Ablauf der Sitzungen

Die Sitzungen folgen stets dem gleichen Muster: Die ersten fünf Minuten sind der Kontaktaufnahme gewidmet. Es gilt, ein vertrauensvolles Klima zu schaffen, das Vorgehen zu erläutern und die absolute Vertraulichkeit zu betonen. Die folgenden fünfzehn Minuten dienen der Erfassung des Ist-Standes und der weitgehend eigenständigen Analyse durch den Coachee. Der Coach beschränkt sich auf die Unterstützung durch aktives Zuhören und gezieltes Nachfragen. In den nächsten fünfzehn Minuten geht es um die Erarbeitung von Verbesserungs- oder Lösungsmöglichkeiten und die Formulierung von entsprechenden „Etappenzielen", wieder weitgehend durch den Coachee selbst, vom Coach allenfalls durch gezieltes Nachfragen unterstützt. Zum Schluss fasst zunächst der Coach die Inhalte der Sitzung zusammen, bevor dem Coachee Gelegenheit gegeben wird, sein Befinden zum Ausdruck zu bringen und über die Sitzung zu reflektieren. (Vgl. FISCHER 2009, 263)

6.3 Veränderte Schülerrolle

In dem engen Interaktionsgefüge Unterricht können sich Rolle und Aufgaben des Interaktionspartners Lehrer nicht ändern, ohne dass eine Anpassung auf der Seite der Schüler erfolgt. Sie muss auf Akzeptanz durch die Schülerinnen und Schüler und deren Kompetenz fußen, zumal die neuen Elemente Beratung und Coaching in der Lehrerrolle eine gelungene Beziehungsaufnahme voraussetzen. Wie also könnte die Rolle der Schüler neu bestimmt werden?

Während die Erwartungen an die Professionalität der Lehrkräfte in differenzierter Weise beschrieben und in Standards klassifiziert sind, finden sich für die Rolle der Schüler und Schülerinnen eher indirekte Beschreibungen, die unter Begriffen wie Lernkompetenz, selbstständiges Lernen, Selbstorganisation, Selbstverantwortung oder Selbststeuerung subsumiert werden können.

Das **Konzept SOL** (Selbstorganisiertes Lernen – Ein systemischer Ansatz für Unterricht) beschreibt z. B. genau und anschaulich, wie sich Lehreraktivität und Unterrichtsorganisation miteinander entwickeln, welche Rolle und welche Aktivitäten von den Lehrkräften erwartet werden. „Bestand bisher eine der Hauptaufgaben der Lehrenden darin, Wissen didaktisch aufzubereiten und zu vermitteln, so verändert sich diese in SOL-Arrangements: Lernsituationen schaffen, Lernprozesse initiieren, begleiten, evaluieren und abschließen – so könnte die neue Aufgabe der Lehrerinnen und Lehrer umschrieben werden. Dabei kommt der individuellen Lernberatung eine besondere Bedeutung zu." (HEROLD/LANDHERR 2003, 26)

Die daraus folgenden Konsequenzen für die Schülerinnen und Schüler liegen auf der Hand – und erleichtern den Lehrerinnen und Lehrern die alltägliche Arbeit in der Schule.

Eine nette Episode: Die Mutter eines Schülers steht am Elternsprechtag vor mir und sagt: „Mein Sohn hat bei Ihnen im Mathematikunterricht nur eine Vier. Was haben Sie denn da falsch gemacht?"

Ich hatte ein etwas ungutes Gefühl in der Magengegend – schob doch die Mutter alle Schuld über den angeblichen Misserfolg ihres Sohnes auf die Lehrerin. Sicherlich sind wir Lehrer für die eine Hälfte des Lernerfolgs der Schüler verantwortlich – aber gleich für den ganzen Lernerfolg?

Wir machen oft die Erfahrung, dass sich auch die Schüler nicht für ihr eigenes Lernen verantwortlich fühlen. Wir müssen sie darum motivieren und für spannende Aufgaben und Projekte sorgen. Wenn ein Schüler aber nicht mitzieht, keine Lust auf gar nichts hat und nicht lernen will – was machen wir Lehrer dann?

Wir halten es für notwendig, dass die Schüler systematisch und aufbauend in der Schule und im Unterricht lernen, für ihren eigenen Lernprozess Verantwortung zu übernehmen. Schüler sollen handlungskompetent werden und damit fachlich und fachübergreifend qualifiziert sein – das ist nur möglich durch einen Prozess der stetigen Anwendung.

Die Rolle der Schülerinnen und Schüler wird in der didaktischen Literatur zumeist über eine Zielvorstellung oder über eine Klassifikation der Kompetenzen beschrieben oder aber als Objekt der Diagnose oder Analyse der Lernausgangslage bzw. der Lernvoraussetzungen. Konkrete Erwartungen werden eher in Lernvereinbarungen, Lernverträgen oder den Programmen der Schulen festgehalten.

Konkrete Erwartungen an die Schüler

Wie sich die Übernahme von Verantwortung konkret realisieren lässt, beschreibt JÜRGEN REICHEN in seinem Konzept „Werkstattunterricht". Schüler übernehmen z. B. die Verantwortung für die Kontrolle und Korrektur der

Hausaufgaben, das Coaching, kurze Wiederholungsphasen, die Herstellung von Unterrichtsmaterialien oder die Betreuung von Lernangeboten.

In dem Chef-/Chefin-System im Werkstattunterricht lernen Schüler früh, Verantwortung zu übernehmen, und gehen dieser auch mit großer Ernsthaftigkeit nach. Chef oder Chefin zu sein, ist kein Spiel, sondern eine Verpflichtung, deren Nicht-Einlösung schnell spürbare Konsequenzen für andere Kinder oder die Lehrkraft hat.

Die Übernahme und Delegation von Verantwortung hat für den Lehrer große Vorteile und erleichtert seine Arbeit. Entscheidend aber sind die Vorteile für die Schüler:

- Entwicklung von Selbstständigkeit
- Stärkung des Selbstbewusstseins
- Aufbau von Selbstverantwortung
- Erhöhung der Lernkompetenz
- Entwicklung von Teamfähigkeit

Ziele definieren

Wenn es um die Verantwortung für die Steuerung des eigenen Lernprozesses geht, helfen bekannte Instrumente wie Lernvereinbarungen oder Lernverträge, häufig als Teil eines Portfolios oder eines Lernjournals angelegt. In ihnen werden Ziele definiert, die durch den Lernprozess erreicht werden sollen.

Ihre Wirksamkeit ist abhängig davon, ob die vereinbarten Ziele eine aktivierende Wirkung erzielen können. Das können sie, wenn sie als persönliche realistische Ziele formuliert sind (Ich kann ...) und vor allem wenn die Schülerinnen und Schüler selbst feststellen können, ob und in welchem Maße die angestrebten Ziele erreicht worden sind. Die Leitfrage zur Festlegung von kurzfristigen Zielen lautet: Was will ich erreichen? Was will ich können? Wenn es um den Aufbau einer längerfristigen Perspektive in konkreten Situationen geht, lautet die Leitfrage: Was will ich bewirken? Mit dieser Frage eröffnet sich die Perspektive auf den Sinn des Lernens, einer Kategorie, die im Laufe einer Schullaufbahn an Bedeutung gewinnen sollte.

Dass Schülerinnen und Schüler realistische, aber auch anspruchsvolle Ziele haben, ist im Übrigen auch die Voraussetzung für das Gelingen von Beratung oder Coaching. Die Ziele sind allerdings nicht beliebig, sie sind in der Schule immer genereller Natur, z. B. von Bildungsplänen vorgegeben. Über das „Was" des Lernens kann ein Schüler nur in engen Grenzen verfügen. Individuell zu gestalten sind die Wege zu den Zielen, mithin auch die Teilziele, Meilensteine und Etappen.

Wie auch immer die Verantwortung der Schülerinnen und Schüler beschrieben wird, die Grenzen der Verantwortungsübergabe sollten klar definiert sein. Die Gesamtverantwortung liegt und bleibt beim Lehrer.

6.4 Professionelle Kompetenz

Haben wir als Lehrer das nötige Rüstzeug für diese veränderten Aufgaben, haben wir genügend professionelle Kompetenz? Vorstellungen darüber, wie die professionelle Kompetenz beschaffen sein müsste, um die genannten Tätigkeiten zu ermöglichen, sind entwickelt. Für die Diskussion in Deutschland haben Franz Weinert und in der Folge Andreas Helmke richtungweisende Beiträge geliefert.

Vier grundlegende Kompetenzen, die Einfluss auf die Qualität von Unterricht und Lernen haben, werden in der Regel genannt:

1. Fachkompetenz
2. Didaktische Kompetenz
3. Klassenführungskompetenz
4. Diagnostische Kompetenz

Wissenschaftler des Max-Planck-Instituts Berlin haben das fachliche Können von Mathematiklehrern und gleichzeitig ihre Unterichtsführung und den Lernfortschritt ihrer Schüler analysiert. Die Ergebnisse zeigen, dass besonders gute Mathematiker nicht automatisch den besseren Unterricht erteilten. Viel wichtiger war das umfangreiche Wissen darüber, wie man mathematische Inhalte erklärt und welche Aufgaben für welche Situationen am besten geeignet sind. Die wichtigsten Ergebnisse der Studie kann man so zusammenfassen:

1. „Fachdidaktisches Wissen von Lehrkräften sagt den Leistungsfortschritt von Schülerinnen und Schülern in nicht trivialer Weise vorher.
2. Fachdidaktisches Wissen hat einen Einfluss auf das kognitive Potenzial des Unterrichts, das curriculare Niveau der Aufgaben und die konstruktive Lernunterstützung, aber nicht auf das Klassenmanagement.
3. Fachwissen beeinflusst ausschließlich das curriculare Niveau der Lerngelegenheiten, aber keine anderen Unterrichtsmerkmale.
4. Die konstruktive Unterstützung der Lehrkraft hat keinen spezifischen additiven Einfluss auf die Leistung (aber auf Motivation)."
   (Baumert 2008)

Die Kultusministerkonferenz hat sich im Dezember 2004 auf eine differenzierte Beschreibung der Standards für die Lehrerbildung verständigt.

Neues Berufsbild

Sie basieren auf einer **Leitvorstellung des Berufsbildes**, das in der gemeinsamen Erklärung des Präsidenten der Kultusministerkonferenz und der Vorsitzenden der Lehrerverbände im Oktober 2000 beschrieben worden ist. Dort heißt es:

1. „Lehrerinnen und Lehrer sind Fachleute für das Lehren und Lernen. Ihre Kernaufgabe ist die gezielte und nach wissenschaftlichen Erkenntnissen gestaltete Planung, Organisation und Reflexion von Lehr- und Lernprozessen sowie ihre individuelle Bewertung und systemische Evaluation. Die berufliche Qualität von Lehrkräften entscheidet sich an der Qualität ihres Unterrichts.
2. Lehrerinnen und Lehrer sind sich bewusst, dass die Erziehungsaufgabe in der Schule eng mit dem Unterricht und dem Schulleben verknüpft ist. Dies gelingt umso besser, je enger die Zusammenarbeit mit den Eltern gestaltet wird. Beide Seiten müssen sich verständigen und gemeinsam bereit sein, konstruktive Lösungen zu finden, wenn es zu Erziehungsproblemen kommt oder Lernprozesse misslingen.
3. Lehrerinnen und Lehrer üben ihre Beurteilungs- und Beratungsaufgabe im Unterricht und bei der Vergabe von Berechtigungen für Ausbildungs- und Berufswege kompetent, gerecht und verantwortungsbewusst aus. Dafür sind hohe pädagogisch-psychologische und diagnostische Kompetenzen von Lehrkräften erforderlich.
4. Lehrerinnen und Lehrer entwickeln ihre Kompetenzen ständig weiter und nutzen wie in anderen Berufen auch Fort- und Weiterbildungsangebote, um die neuen Entwicklungen und wissenschaftlichen Erkenntnisse in ihrer beruflichen Tätigkeit zu berücksichtigen. Darüber hinaus sollen Lehrerinnen und Lehrer Kontakte zu außerschulischen Institutionen sowie zur Arbeitswelt generell pflegen.
5. Lehrerinnen und Lehrer beteiligen sich an der Schulentwicklung, an der Gestaltung einer lernförderlichen Schulkultur und eines motivierenden Schulklimas. Hierzu gehört auch die Bereitschaft zur Mitwirkung an internen und externen Evaluationen."

(Kultusminister-Konferenz *2004, 3)*

Gemeinsam lässt sich mehr erreichen!

In den letzten Punkten ist eine weitere Erwartung formuliert, die erst nach und nach ihren Platz im Denken der Lehrerinnen und Lehrer findet. Es ist die Erwartung, dass sich die Lehrkräfte innovativ selbst engagieren, indem sie ihre Praxis als Lehrer auch immer als Lernaufgabe sehen.

Arbeiten im Team

Was in den Standards nicht deutlich benannt wird, ist eine Ergänzung zur oben beschriebenen Erwartung, nämlich die Vorstellung, dass sich kollegiales Lernen und Unterrichtsentwicklung in Teams vollzieht. Ob Lehrerinnen und Lehrer in Fachteams, Qualitätsgruppen, professionellen Lerngemeinschaften, Handlungsforschungsteams, Hospitationsgemeinschaften oder kollegialen Coachinggruppen an der Entwicklung des Unterrichts arbeiten, hängt von den Zielen und den Strukturen ab, mehr noch aber vermutlich von der Kultur der jeweiligen Schule.

Die Aufgabe, effektive Lernarrangements mit dem Ziel individueller Förderung in heterogenen Gruppen zu gestalten, ist komplex. Sie gelingt nur in Lernumgebungen, die in den einzelnen Elementen aufeinander abgestimmt sind und sich mit den Schülern über die Schullaufbahn entwickeln. In diesem Fluss braucht man eine **stabile Wertorientierung** an der Schule, u. a. im Leitbild formuliert, aber auch die konkrete **Übereinstimmung im Team**; an diesen Werten müssen sich die konkreten Ziele und Entscheidungen legitimieren.

7 Jahrgangsübergreifender Unterricht: Heterogenität nutzen

Heterogenität ist mittlerweile in allen Schulen eine generelle Rahmenbedingung, wenn auch unterschiedlich ausgeprägt. Bei genauerem Hinhören wird deutlich, dass sie eher als Belastung denn als Chance gesehen wird. Verständlich, wenn die Lehrkräfte einzeln mit den komplexen und häufig auch komplizierten organisatorischen Modellen zurechtkommen müssen.

In unserer gedachten Idealschule hätten wir die Voraussetzungen, die Heterogenität in den Lerngruppen zusätzlich zu erhöhen, indem wir auch in der Sekundarstufe eine **Eingangsphase mit jahrgangsgemischten Lerngruppen** einrichten.

Jahrgangsübergreifender Unterricht ist in Deutschland in vielen Grundschulen ein fester Bestandteil der Unterrichtsorganisation. Vor allem in der Schuleingangsphase haben Grundschulen das Modell der jahrgangsübergreifenden Eingangsphase genutzt, um den zunehmend unterschiedlichen Eingangsvoraussetzungen der Kinder durch eine individuelle Anpassung der Lernzeit zwischen ein und drei Jahren gerecht werden zu können. Die flexible Eingangsphase „erleichtert den Übergang vom Kindergarten in die Grundschule und die Eingewöhnung in die Schule. Sie ermöglicht es, stärker auf die unterschiedliche Ausgangslage der Kinder einzugehen und dem Faktum Rechnung zu tragen, dass Kinder unterschiedlich viel Zeit zum Lernen brauchen. Sie sollen daher die Möglichkeit haben, drei Jahre oder auch nur ein Jahr in der Schuleingangsphase zu bleiben." (de Boer 2007, 9)

Vorteile der Jahrgangsmischung

Die Befürworter des jahrgangsübergreifenden Lernens in der Grundschule sehen mehrere **Vorteile**. Sie nennen u. a.:

- In Kindergärten sind die Gruppen auch altersgemischt. Daran knüpft die Grundschule an. Kinder können sich wieder in Gruppen treffen, auch wenn sie unterschiedlichen Jahrgängen angehören.
- Vielfalt und Heterogenität, was z. B. den Zeitpunkt der Einschulung und schulisches Wissen angeht, sind normal. Sie können produktiv in das Lernen eingebracht werden, z. B. durch Helfersysteme. Für die Helferinnen und Helfer bietet sich die Chance der Neustrukturierung ihres Wissens, weil sie es auf die Voraussetzungen der „Neuen" ausrichten müssen.
- Kinder führen Kinder in das Schulleben und die Regelungen des Alltags ein. Das entlastet die Lehrerinnen und Lehrer.

- Kinder nehmen unterschiedliche Rangplätze und Positionen ein und schulen damit ihre sozialen Kompetenzen, indem sie in unterschiedlichen Rollen gefordert sind und in ihrem Selbstbewusstsein gefördert werden.
- Kinder wechseln immer in Gruppen in den nächsten Schulabschnitt, auch wenn sie länger als andere verweilen.

Angesichts dieser Möglichkeiten ist es auf den ersten Blick erstaunlich, dass die Jahrgangsmischung nicht auch zumindest für die Eingangsphase der Sekundarstufe stärker von Schulen genutzt wird. Anschauungsmöglichkeiten für die didaktische Gestaltung gäbe es z. B. bei den sechsjährigen Grundschulen, in denen das jahrgangsübergreifende Lernen bis in den sechsten Jahrgang stattfindet.

In unserer Schule sehen wir in der Jahrgangsmischung eine Möglichkeit, dem individuell unterschiedlichen **Lerntempo** auf dem Weg zum Sekundarabschluss oder zum Abitur gerecht werden zu können, ohne komplizierte Systeme mit äußerer Differenzierung, Zusatzkursen und entsprechenden Eingangsbarrieren einzuführen.

Eine Eingangsphase mit jahrgangsgemischten Gruppen aus den Jahrgängen 5, 6 und 7, die in der Regel in drei Jahren durchlaufen wird, bietet schneller lernenden Schülerinnen und Schülern die Möglichkeit, schon nach zwei Jahren in die nächste Lernphase einzusteigen, entsprechende Kompetenznachweise vorausgesetzt. Der Vorteil ist, dass die Schülerinnen und Schüler ihre Schulzeit um ein Jahr verkürzen könnten, ohne als „Springer" vereinzelt aus einer vertrauten Lerngruppe in eine neue wechseln zu müssen. Die schnellen Schülerinnen und Schüler würden ja schon im Laufe der Eingangsphase mit den älteren Schülerinnen und Schülern gemeinsam lernen, bevor sie in die nächste Stufe wechseln. Auf der anderen Seite haben Schülerinnen und Schüler, die mehr Zeit benötigen, die Chance dazu, ohne durch Nichtversetzung die vertrauten sozialen Beziehungen zu verlieren.

Beispiel: Maria-Montessori-Gesamtschule Potsdam

Die Idee der Jahrgangsmischung ist nicht neu. Schon in den reformpädagogischen Ansätzen findet sich der Grundsatz der Altersmischung, z. B. in den Konzepten von Maria Montessori oder Peter Petersen. Auf diese beziehen sich auch die wenigen Schulen, die das Prinzip der Alters- bzw. Jahrgangsmischung in die Sekundarstufe übertragen. Ein Beispiel ist die Maria-Montessori-Gesamtschule Potsdam. Auch in ihr spielte bei der Konzipierung der Sekundarstufe die Jahrgangsmischung zunächst keine Rolle, obwohl aus der Primarstufe der Schule Erfahrungen vorlagen. Für die Auswahl von Zielen und Inhalten im Fachunterricht des Jahrganges 7 waren vielmehr die Rahmenlehrpläne des Landes von entscheidender Bedeutung. Die Auswertung der Erfahrungen aus der Grundschule und die Initiative der Schulleiterin brachten den Umschwung. Jetzt wird in allen Fächern in den Jahrgängen 7 und 8 jahrgangsgemischt gelernt. (Mickler 2007, 131 ff.)

Die Maria-Montessori-Gesamtschule hat sich dem Bericht der wissenschaftlichen Begleitung zufolge einem anspruchsvollen und aufwändigen Lern- und Entwicklungsprozess gestellt und nach vier Jahren das jahrgangsgemischte Lernen in 7 und 8 etablieren können. Die wissenschaftliche Begleitung konstatiert ein „außerordentliches Engagement der beteiligten Lehrkräfte" (ebenda, 187). Kritische Aspekte werden nicht ausgeklammert. Die Schulleiterin stellt z. B. die Frage, ob leistungsstarke Jugendliche von den Anregungen und Freiheiten des neuen Systems profitieren.

Wie ein optimistisches Entwicklungsmodell begründet sein könnte, lässt sich aus den Ergebnissen der wissenschaftlichen Begleitung der Maria-Montessori-Gesamtschule ableiten. „Eine wichtige Voraussetzung für die Weiterentwicklung in Richtung stärkerer Nutzung der Chancen von Jahrgangsmischung ist das Vertrauen der Lehrkräfte in das Miteinander- und Voneinander-Lernen von Kindern und Jugendlichen unterschiedlichen Alters und Leistungsvermögens und ein Unterrichtsverständnis, das Heterogenität als Bereicherung für den Unterricht ansieht. Ein grundlegender Konsens hinsichtlich dieser Potenz von Jahrgangsmischung könnte die gemeinsame Diskussion und Entwicklung jahrgangsübergreifender Curricula fördern. Dadurch würden sich auch günstigere Bedingungen für Formen der Zusammenarbeit, der Übernahme von Lehrfunktionen und für Tutorensysteme der Schülerinnen und Schüler ergeben." (Mickler 2007, 190)

Für einen so verstandenen jahrgangsübergreifenden Unterricht bilden die Teamarbeit der Lehrer und Lehrerinnen und die Selbstverantwortung der Schüler und Schülerinnen notwendige Voraussetzungen.

Literatur

ARNOLD, ROLF/ARNOLD-HAECKY, BEATRICE: Der Eid des Sisyphos. Eine Einführung in die Systemische Pädagogik. Baltmannsweiler 2009

BAAKE, DIETER: Medienkompetenz. Tübingen 1997

BAUMERT, JÜRGEN u. a.: Professionelle Handlungskompetenz von Lehrkräften – Fachspezifisches Wissen und Selbstregulation. Didaktisches Kolloquium Zürich 2008

BECKER-MROTZEK, MICHAEL/BÖTTCHER, INGRID: Schreibkompetenz entwickeln und beurteilen, in: Deutsch Extra. Berlin 2006

de BOER, H./BURK, K.-H./HEINZEL, F. (Hrsg.): Lehren und Lernen in jahrgangsgemischten Klassen. Grundschulverband 2007

BILDUNGSKOMMISSION HEINRICH BÖLL STIFTUNG (Hrsg.): Selbstständig lernen – Bildung stärkt Zivilgesellschaft. Weinheim 2004

BÜCHTER, ANDREAS/LEUDERS, TIMO: Mathematikaufgaben selbst entwickeln. Berlin 2005

BUNDESMINISTER FÜR BILDUNG UND FORSCHUNG (Hrsg.): BMBF-Expertise – Zur Entwicklung nationaler Bildungsstandards. Berlin 2003

BUTT, HOLGER: Eine neue Lehrerrolle – Erfahrungen aus dem Lernbüro, in: Lernende Schule Nr. 30/2005

CZERWANSKI, ANETTE/SOLZBACHER, CLAUDIA (Hrsg.): Förderung von Lernkompetenz in der Schule. Gütersloh 2004

EDELMANN, WALTER: Lernpsychologie. Weinheim 2000

EIKENBUSCH, GERHARD: Qualität im Deutschunterricht. Berlin 2001

FISCHER, ALBERT: Coaching in Klassen des Übergangssystems: Ein Modellversuch, in: Wirtschaft und Erziehung 9/2009

GRABBE, BEATE: Was macht die Pädagogik diagnostisch? in: Hamburg macht Schule, Heft 3/2004

GRAUMANN, OLGA: Gemeinsamer Unterricht in heterogenen Gruppen. Von lernbehindert bis hochbegabt. Bad Heilbrunn 2002

GROEBEN, ANNEMARIE VON DER: Verschiedenheit nutzen. Besser lernen in heterogenen Gruppen. Berlin 2008

GRUNDER, HANS-ULRICH/BOHL, THORSTEN (Hg.): Neue Formen der Leistungsbewertung. Hohengehren 2001

HAMEYER, UWE/PALLASCH, WALDEMAR: Beratung als Lernhilfe, in: Lernende Schule Nr. 45/2007

HELMKE, ANDREAS: Unterrichtsqualität – erfassen, bewerten, verbessern. Seelze 2003

HELMKE, ANDREAS: Unterrichtsqualität und Lehrerprofessionalität. Seelze 2009
HEROLD, MARTIN/LANDHERR, BIRGIT: SOL – Selbstorganisiertes Lernen, hrsg. vom Ministerium für Kultur, Jugend und Sport des Landes Baden-Württemberg. Baltmannsweiler 2003
JOURNAL ZUR KOMPETENZORIENTIERUNG IM UNTERRICHT NR. 1/2007: Staatl. Studienseminar für das Lehramt an berufsbildenden Schulen. Mainz 2007
KLIEME, ECKHARD u. a.: Zur Entwicklung nationaler Bildungsstandards, hrsg. vom Bundesministerium für Bildung und Forschung. Berlin 2003
KIPER, HANNA u. a.: Qualitätsentwicklung in Unterricht und Schule – Das Oldenburger Konzept. Oldenburg 2004
KRAINZ-DÜRR, MARLIES: Wie kommt Lernen in die Schule – Zur Lernfähigkeit der Schule als Organisation. Berlin 1999
KULTUSMINISTERKONFERENZ: Standards für die Lehrerbildung: Bildungswissenschaften, Beschluss vom 16.12.2004. Neuwied
KUNZE, INGRID/SOLZBACHER, CLAUDIA (Hrsg.): Individuelle Förderung in der Sekundarstufe I und II. Baltmannsweiler 2008
LERNCHANCEN HEFT 71/2009. Seelze
MAX-BRAUER-SCHULE HAMBURG: Die NEUE MBS. Hamburg 4. Auflage 2008
MEYER, HILBERT: Schulpädagogik Bd. 1. Berlin 1997
MEYER, HILBERT: Was ist guter Unterricht? Berlin 2004
MEYER, HILBERT: Methodenvielfalt und Methodenkompetenz, in: Kiper, Hanna u. a.: Qualitätsentwicklung in Unterricht und Schule. Oldenburg 2004
MEYER, HILBERT: Leitfaden Unterrichtsvorbereitung. Berlin 2007
MICKLER, HEIDEMARIE: Jahrgangsgemischte Lerngruppen in den Jahrgangsstufen 7 und 8 anstelle von Jahrgangsstufen, in: Hofmann, Jan (Hrsg.): Neue Formen des Lehrens und Lernens. Bad Heilbrunn 2007
MÜLLER, ANDREAS: Wenn nicht ich…? Bern 2002
MUSTER-WÄBS, HANNELORE: Subjektive Theorie zum individualisierten Lernen. Unveröffentlichtes Manuskript: Hamburg 2009
PARADIES, LIANE/LINSER, HANS JÜRGEN: Differenzieren im Unterricht. Berlin 2001
PARADIES, LIANE/WESTER, FRANZ/GREVING, JOHANNES: Leistungsmessung und -bewertung. Berlin 2005
PARADIES, LIANE/LINSER, HANS JÜRGEN/GREVING, JOHANNES: Diagnostizieren, Fordern und Fördern. Berlin 2007
PÖHM, MATTHIAS: Präsentieren Sie noch oder faszinieren Sie schon? Der Irrtum PowerPoint. Heidelberg 2006
PRENGEL, ANNEDORE: Pädagogik der Vielfalt. Opladen 1993

PRENZEL, MANFRED/GOGOLIN, INGRID/KRÜGER, HANS-HERMANN: Kompetenzdiagnostik, in: Zeitschrift für Erziehungswissenschaft Sonderheft 8/2007, Wiesbaden 2008

REICHEN, JÜRGEN: Hannah hat Kino im Kopf. Hamburg 2001

REINIG, CHRISTA: Orion trat aus dem Haus. Neue Sternbilder. Düsseldorf 1968

SCHRADER, FRIEDRICH/HELMKE, ANDREAS: Diagnostische Kompetenz von Lehrern: Komponenten und Wirkungen, in: Empirische Pädagogik, Jg. 1, Heft 1/1987, S. 27–52

THONHAUSER, JOSEF: Aufgaben als Katalysatoren von Lernprozessen. Münster 2008

WEINERT, FRANZ (Hrsg.): Leistungsmessungen in Schulen. Weinheim 2001

WEINERT, FRANZ/SCHRADER, FRIEDRICH: Diagnose des Lehrers als Diagnostiker, in: Petillon, Hanns u. a.: Schülergerechte Diagnose. Weinheim 1986

WILD, KLAUS-PETER/KRAPP, ANDREAS: Pädagogisch-psychologische Diagnostik, in: Krapp, Andreas/Weidenmann, Bernd (Hrsg): Pädagogische Psychologie. Weinheim 2001

ZIENER, GERHARD: Bildungsstandards in der Praxis. Seelze 2006

ZÖLLNER, HELMUTH: Anregungen für die pädagogische Profilierung der Oberschule. Ludwigsfelde 2005

Internetadressen:

Elke Spichalski, Frankfurt: www.einfachpcweb.de

Integrierte Gesamtschule Hamm/Sieg: www.gesamtschule-hamm.de

Integrierte Gesamtschule Wilhelmshaven: www.igswilhelmshaven.de

Institut Beatenberg (Schweiz): www.institut-beatenberg.ch

Landesinstitut für Lehrerbildung und Schulentwicklung Hamburg: www.li-hamburg.de und www.sinus-hamburg.de

Landesinstitut für Schule Bremen: www.lis.bremen.de

Lernwerkstatt Sabine Schiller: www.schillerverlag.de

Max-Brauer-Schule Hamburg: www.maxbrauerschule.de

Winterhuder Reformschule Hamburg: www.gs-winterhude.hamburg.de

Register

A

Anforderungsprofil 34
Arbeits- und Sozialkompetenz 48
Arbeitsbündnis 146
Arbeitsräume 21
Aufgaben
- authentische 78, 83
- differenzierende 78
- freie 77
- offene 77–78

Außerschulische Maßnahmen 71–72

B

Basiskompetenz 27–29, 34
Basiswissen 34, 36, 84, 150
Beobachtungsbogen 127, 142
Berufsbild (des Lehrers) 166
Beurteilungsverfahren 136
Bewegung und Gesundheit 22–24
Bildungsstandards 75, 123, 138, 141

C

Check-in 31, 114, 125
Check-out 31, 44, 114, 125
Chef-/Chefin-System 164
Cluster 65, 90, 113
Computerführerschein 102–103
Curriculare Tests 125–126
Curriculum 18, 50, 62, 65, 85, 118, 120, 122

D

Dialogische Partnerschaft 141
Didaktisches Dreieck 12
Differenzierung
- äußere 13, 57
- innere 13, 56

Disziplin 61, 147, 149–150

E

Eigendiagnose 143
Eingangsdiagnose 21, 114, 142
Eingangsphase 23, 168–169
Eingangstest 44, 75, 114
Eltern 44, 70–72, 113, 124, 145
Elterngespräche 57, 128, 163
Entwicklungspsychologie 150
Erhebungsbögen 127, 142, 152
Expertenstandard 17, 63

F

Fachdidaktisches Wissen 67, 150–151, 165
Fachstunden 23–25
Feedback
- mündlich 128
- schriftlich 128–129
- von Schülern für Lehrer 119, 131, 133–134
- zwischen Schülern 131

Feedbackbogen 129, 131–132

G

Ganztagsschule 144
Gedächtnistraining 87
Gedankenlandkarte 90
Gerätekompetenz 104
Gesprächskompetenz 99, 120
Grundaufgabenkatalog 55
Gruppenleistung 137
Gütekriterien 26, 148, 154

H

Handeln nach Vorschrift 16
Handlungskompetenz 83
Hauptfächer 21, 24
Heterogenität 13–14, 26, 168–170
Hochbegabte Schüler 59, 70, 74

I

Ich-kann-Satz 40–43, 45–49
Individualisierendes Curriculum 18
Individuelle Förderung 13–14, 62, 70, 76, 127, 141–144
Intendiertes Lernen 82
Interaktion 48, 82, 151, 162
Intersubjektivität 154

J

Jahrgangsgemischte Gruppen 168–170
Journal *siehe* Lernjournal

K

Klassenverband 55–57
Kleingruppe 56–57, 129
Kognitive Landkarte 83

Kollegiales Lernen 167
Kompetenzen
• empathische 70, 97
• kommunikative 85, 129
• soziale 48–50, 62, 70, 85, 160, 169
Kompetenzbegriff 14–15, 135
Kompetenzraster 21, 24–25, 29–31, 41–50, 73, 114
Kontrolltechniken 113, 120
Konzept „Problemorientiertes Lernen" (POL) 83–84
Konzept „Selbstorganisiertes Lernen" (SOL) 163

L

Lehrer-Logbuch 119
Lehrerrolle 20, 34, 162
Lehr-Lern-Team 22
Leistungsdifferenzierung 14, 78
Leistungsrückmeldungen 12, 28, 135
Lernausgangsdiagnose 44
Lernberater 66, 144
Lernbüro 22–25, 27–29, 31–32, 75, 160–161
Lerngruppe
• heterogene *siehe* Heterogenität
• homogene 143
Lernjournal 28, 31, 164
Lernkartei 88
Lernkompetenz-Führerschein 85
Lernkontrakt *siehe* Lernvereinbarung
Lernlandkarte 25, 50–53, 73, 113
Lernplakat 88, 109
Lernstandsdiagnose 44, 153
Lerntagebuch 88, 113, 128
Lerntempo 27–28, 54, 61, 73, 88, 169
Lerntypen 59, 66, 87
Lernvereinbarung 116, 118, 146, 163–164
Lesen
• diagonales 93–94
• intensives 94, 97
• punktuelles 93
Logbuch 28, 57, 116–118, 126, 128

M

Marktplatz 20, 22, 27
Medien
• audiovisuelle 66, 89
• auditive 66, 89
Medienkompetenz 100–103, 120
Mindeststandard 16–17, 63, 65
Mindmap 9–11, 37, 84, 89–90, 120
Mnemotechniken 86, 120
Multiple-Choice-Verfahren 31, 107–108
Mündliche Leistung 129, 131–132

N

Nichtversetzung 169
Niveaustufen 13–15, 39–41, 44, 73, 114
Normen
• der Prüfungssysteme 135
• grammatische 96
• orthografische 96

O

Offene Eingangsphase 23
Offenes Arrangement 33, 74–75, 157
Optimierung (des Unterrichts) 145
Organisation (der Arbeit) 23, 28, 85, 91–92
Orientierungshilfen 74–76, 83, 88

P

Pädagogische Diagnostik 139–141
Performanz 20
Perspektivwechsel (beim Unterrichten) 17–20, 139, 144–145
Planungstechniken 91, 120
Portfolio 12–14, 28, 30–31, 38–39, 85, 113, 123–128
Präsentationskompetenz 110–112, 120
Präsentationstechniken 110–112
Professionelle Kompetenz 165–167
Projektthemen 25, 36–38
Prozessgestaltung 50
Prozessmodell 15

Q

Qualitative Methoden 108
Qualitätsprüfung 106
Quantitative Methoden 107–108

R

Recherchekompetenz 104–108, 120
Referenzrahmen 12, 14
Reflexionsphase 137, 140–141, 144
Regelstandard 17, 63, 138
Reliabilität 148, 154
Rhetorische Fähigkeiten 111
Rhythmisierung 13, 23–24, 27

Risiko (der offenen Lernarrangements) 74
Rolle des Lehrers *siehe* Lehrerrolle
Routine
• beim Lehrer 140, 149
• beim Schüler 29, 67, 111, 131, 142–143
Rückmeldung (des Schülers) 135

S

Schreiben
• assoziatives 96
• kommunikatives 96
• reflektiertes 96
Schreibkompetenz 96–98, 120
Schulbücherei 105
Schulcurriculum 41, 62, 65, 142
Schulentwicklung 27, 75, 166
Schüler
• leistungsschwächere 56, 143, 150, 159
• leistungsstärkere 56, 150, 159, 170
Schülerfeedback *siehe* Feedback
Schülerporträt *siehe* Selbstporträt
Selbsteinschätzung (der Schüler) 44, 50, 55, 73, 113–114, 126–127, 161
Selbsteinschätzungsbogen 31, 113, 125
Selbstkontrolle 41, 54–55, 73, 90
Selbstporträt 113, 125–126, 145
Sieben-Sprung-Methode 84
Sozialform 28, 54, 61, 64, 73, 144
Standardisierte Testverfahren 31, 125–126, 141
Steckbrief *siehe* Selbstporträt
Strukturierungstechniken 86, 89, 120
Stufen der Selbstständigkeit 41
Stufenmodell 15
Stundenplan 23–24, 27
Subjektive Theorien 12–14, 90, 161

T

Tagebuch 57, 88, 97, 113, 128
Teamfähigkeit 137, 147, 164
Test 30–31, 44, 57, 75, 92, 125–127, 142
Testschlauheit 153–154
Transparenz 73, 118, 148
Tutor 28, 170

U

Übungsspiele 88–89
Unterrichtsorganisation 159, 163, 166, 168

V

Validierung (kommunikative) 135–136
Validität 148, 154
Versagen 75, 150
Vier Verständlichmacher 109
Visualisierungskompetenz 108–109, 120

W

Wahlpflichtbereich 33
Werkstatt 21, 30–34, 85, 160, 163–164
Werkstattidee 30
Wissensaufbau 159
Wissenslücken 66, 90
Workshop 21, 24, 26, 30, 34–35, 82

Z

Zehn Merkmale für guten Unterricht 119, 131, 133–134
Zeitleisten 109–110
Zeitmanagement 66, 91, 116, 145–146
Zeitressourcen 28, 33, 162
Zugangsberechtigung 18
Zuordnungskriterien 95
Zusatzaufgaben 55–56, 64, 73